Jonas Lamberg

Glücksorte in und um Wolfsburg

Fahr hin & werd glücklich

Dieses

Glücksbuch

ist für

Liebe Glücksuchende,

„der Anblick eines wahrhaft Glücklichen macht glücklich“ wusste schon Johann Wolfgang von Goethe. Wie recht er damit hatte, durfte ich bei den vielen Gesprächen und Ausflügen für dieses Buch erfahren. Denn nicht nur Wolfsburg und die Umgebung selbst machen glücklich, sondern vor allem auch die vielen Menschen, die hier leben. Mit viel Mut, Leidenschaft und Heimatverbundenheit gehen sie ihren Herzensprojekten nach und erfreuen damit eine ganze Region. So wurde die Recherche auch für mich zu einem wahren Ausflug ins Glück. Daher soll es in diesem Buch, neben meiner persönlichen Sicht auf die 80 Glücksorte, insbesondere auch um die mit ihnen verbundenen Menschen gehen. Ich möchte Sie einladen, gemeinsam ihre spannenden Geschichten zu entdecken. Die Vielfalt des kleinen Glücks, welches in Summe betrachtet unendlich große Freude schafft, wartet darauf, entdeckt zu werden. Ich wünsche Ihnen eine frohe Lektüre!

Ihr Jonas Lamberg

Deine Glücksorte ...

… noch mehr Glück für dich

Heiße Sommer, kühle Drinks

1 Auf der Strandinsel Cool Summer Island

Wie ein großes glitzerndes Tablett liegt das Hafenbecken des historischen Heizkraftwerks mitten in Wolfsburg. Schon von Weitem entfaltet es seine magisch anziehende Wirkung auf die ankommenden Glücksuchenden. Beim beschwingten Gang über den Steg zur Strandinsel Cool Summer Island fühlt sich die Welt auf einmal unglaublich leicht an. Der Alltag bleibt am Festland zurück. Fröhlich und frei schweift der Blick umher, der Wind weht leicht durch die Haare und die Sonne scheint auf das Gesicht. Darf es ein frischer Cocktail an der Inselbar sein, oder doch lieber eine kühle Limonade im Strandkorb? Wie wäre es mit einem kleinen Ausflug auf einem Lounge- oder Solarboot?
Schon einen Augenblick später gleitet das Boot fast lautlos durch die sanften Wogen. Nur das Wasser gluckst fröhlich beim ersten Kuss mit dem Bug des Schiffs. Vergnügte Menschen lassen sich auf schicken Kähnen durch den Hafen treiben und halten ihren persönlichen Moment der Heiterkeit auf einem Foto fest. Das Hafenbecken wird zur größten Freilichtbühne der Stadt. Begrünte Inseln und ein schwimmender Pool bilden die perfekte Kulisse und schaffen mit den schillernden Farben des Himmels ein intensives Erlebnis für die Sinne. Dieses Schauspielensemble der Freude bietet ein buntes Repertoire für jeden Geschmack und ist damit wie Wolfsburg im Kleinen: mal elegant und leise, mal laut und actionreich.

TIPP
Den schwimmenden Pool kann man als Tagesgast im Ritz-Carlton Spa erkunden.

Große Erlebnisrutschen am Ufer schicken hier das ganze Jahr über die Langeweile in den Urlaub. Wer Stille und Ruhe sucht, findet in den über dem Wolfsburger Weltmeer schwebenden Bugnetzen neue Lieblingsorte. Mit ein bisschen Fantasie befindet man sich hier auf einem Segeltörn mit einer hölzernen Yacht. Bei Sonnenuntergang legt ein DJ coole und angesagte Beats auf. Der Hafen wird zur entspanntesten Area der Stadt. Schon bald danach beginnt ein neuer Tag. Erlebbar ist dieser Ort der Freude in den Sommermonaten tagsüber mit einer gültigen Tages- oder Jahreskarte für die Autostadt, abends sogar meist kostenfrei.

- Cool Summer Island, Stadtbrücke, 38440 Wolfsburg, Tel. (08 00) 2 88 67 82 38 www.autostadt.de
- ÖPNV: Diverse Busse, Haltestelle Wolfsburg ZOB (ca. 10 Minuten Fußweg)

In Glück schwimmen

2 Hallenbad – Kultur am Schachtweg

Das „Hallenbad“ ist ein Ort des Glücks. Hier schwimmt man heute nicht mehr im kühlen Nass, sondern badet bei vielfältigen Kulturveranstaltungen in der Menge. Konzerte, Lesungen und Comedy lassen keine Wünsche offen. Das Spektrum an Veranstaltungen ist so breit, dass man hier ohne Probleme neben festen Größen auch den kulturellen Beckenrand erkunden kann. Ein Alleinstellungsmerkmal, welches das „Hallenbad“ zur kulturellen Schatztruhe werden lässt und Einheimische wie Auswärtige begeistert.

Der perfekte Glückstag beginnt mittags im Restaurant Lido, einem hippen Laden, in dem bunte Kugeln wie leuchtende Lollis und Cake-Pops von der Decke baumeln. Ein wahrer Gaumenschmaus ist der original elsässische Flammkuchen „Blaue Kornblume“ mit Weintrauben und Walnüssen. Andere Sorten mit getrockneten Tomaten, Oliven und Schafskäse oder Ziegenkäse und Feigensenf sind ebenfalls Highlights der Esskultur. Dazu darf es gerne ein vollmundiger Weißwein sein, der wie feuchter Morgentau über die Zunge perlt. Anschließend verzaubert hausgemachtes Mandeleis mit Kompott. Schon ab Mitte März lädt der sonnige und windgeschützte Innenhof dazu ein, diese Genussreise draußen zu erleben.

TIPP

Das vielfältige Programm online durchstöbern und rechtzeitig Karten buchen.

Anschließend ist der Biergarten der entspannteste Ort, um die Seele baumeln zu lassen. Wenn es dunkel wird, lockt „Jazz im Pool“, eine wirklich spektakuläre Konzertreihe in den Tiefen des alten Springerbeckens. Großstadt-Feeling ist hier garantiert. Auch „Klassik im Schwimmerbecken“ weiß an diesem Ort zu begeistern. Am Abend ist es Zeit für einen Besuch im Kino. Filme mit Tiefgang, abseits des Mainstreams, werden hier auch gerne in ihren Originalvertonungen auf Englisch, Französisch oder Spanisch gezeigt. Genüsslich sinkt man mit einer fruchtigen Limo und süßem Popcorn in die kultigen lila Sessel. Der Tag endet und beginnt im „Sauna-Club“, der wohl sympathischsten Diskothek der Stadt. „INDIE-DISKO.GEHN“ verspricht malerische Hörerlebnisse, „Reggae-Station“ entspanntes Abfeiern und „Funk-Fieber“ quirlige Großstadtnächte.

- Hallenbad – Kultur am Schachtweg, Schachtweg 31, 38440 Wolfsburg, Tel. (0 53 61) 2 72 81 00, www.hallenbad.de
- ÖPNV: Diverse Busse, Haltestelle Kaufhof

SCHIMMEL

Oberwasser mit Aussicht

3

Die Wasserhochbehälter auf dem Windmühlenberg

Der Weg auf den Hügel ist eine kleine Herausforderung. Welch eine Freude! Schließlich ist hier nur so das im flachen Norddeutschland seltene Gipfelerlebnis spürbar. Die sportliche Betätigung belebt. Voller Lebensenergie ist schon das Ziel zu erblicken. Oben, direkt am Eingangstor zu den Wasserhochbehältern, öffnet sich durch das Dickicht der unverbaute Blick in die Umgebung. In schönstes Licht getaucht liegen wellige grüne Hügel wie gemalt vor den Ankommenden. Unten zieht ein Traktor seine Bahnen über das Feld. Ein Pferd mit Reiterin gleitet in vollkommener Harmonie durch die Landschaft. Am Horizont räkeln sich kaum mehr greifbar die vier Backsteintürme des historischen Heizkraftwerks in die Luft. Stolze Baukräne schaffen ein Zuhause für neue Stadtbewohner, halten aber respektvoll Abstand zum Hügel und die ihn umgebende Landschaft. Bei klarem Wetter reicht der Blick sogar bis in den Landkreis Gifhorn und weit bis ins benachbarte Bundesland Sachsen-Anhalt hinein. Dort verschwimmen dann die Konturen des Himmels mit einem nicht enden wollenden Meer an Bäumen. Nur die lustig rotierenden schneeweißen Windräder geben eine Orientierung bei der Schätzung der Entfernung. Ob man sie von hier aus anpusten kann, wenn niemand schaut? Die Möglichkeit dazu hätte man bestimmt, ist dieser Ort doch meistens ein kaum berührtes Refugium.

TIPP

An einem lichtdurchfluteten Sommerabend ist dies der wohl schönste Ort für den Sonnenuntergang.

Heimlicher Star des Glücksorts sind die zwei Bänke mit Picknicktisch, die leicht versteckt hinter einer Ecke auf einer leichten Anhöhe stehen. Ob die zusätzlichen Meter wirklich etwas ausmachen, ist sicher Ansichtssache, der Blick von hier oben ist zumindest gefühlt noch ein klein wenig besser. Behütet wird die kleine Sitzfamilie von einem erhabenen Baum, der Schatten spendet und mit dem Rascheln seiner Blätter ein angenehm entspanntes Gefühl des Wohlbefindens schafft. Daneben lädt ein großer Stein dazu ein, ihn mit Anlauf zu erklimmen. Wer jetzt die Arme ausbreitet, fliegt luftig und frei durch die wunderschöne Landschaft.

- Wasserhochbehälter auf dem Windmühlenberg, Am Windmühlenberg 21, 38446 Wolfsburg
- ÖPNV: Bus 215, 216, 225, Haltestelle Kalkbergweg (ca. 10 Minuten Fußweg)

Mediterranes Lebensgefühl

4

Die Piazza Italia in der Goethestraße

Schon frühmorgens steht die Sonne hoch über der Piazza Italia und lässt den Platz rot leuchten. Die Luft ist noch klar und erfrischt den Geist. Ein Gefühl, welches man sonst nur aus den Ferien am Mittelmeer kennt. Mit dem Fahrrad auf dem Weg in die Innenstadt kommt so unverhofft Urlaubsstimmung auf. Schnell ist der Plan gefasst, auf dem Rückweg für eine kurze Auszeit hier Station zu machen. Ein besonderes Privileg, welches man in Wolfsburg den italienischen Gastarbeitern verdankt, von denen die ersten Hundert am 17. Januar 1962 in die Stadt kamen. Noch heute haben 5.000 Einwohner einen Pass der Mittelmeerrepublik, was Wolfsburg zur „größten Stadt Italiens nördlich der Alpen“ macht.

Das Herz des italienischen Lebens schlägt unbestritten hier auf der Piazza Italia, wo man mit dem Kulturinstitut Centro Italiano und einem Generalkonsulat sogar diplomatische Beziehungen pflegt und die italienische Flagge gehisst hat. Die meisten Gäste kommen aber wegen des leichten und entspannten Lebensgefühls in die Bars und Restaurants. Dieses findet sich zum Beispiel in der Trattoria Incontri, die schon ab mittags den Platz mit Tischen, Stühlen und Sonnenschirmen bespielt. Das Klirren der Gläser, das Klappern der Teller und das Lachen der Menschen ebbt erst wieder spät in der Nacht ab. Mit den riesigen und leckeren Pizzen aus dem hauseigenen Steinofen treffen Fans der italienischen Küche eine gute Wahl.

TIPP

Den Tag im hippen Rizzos ausklingen lassen. Die Terrasse ist auch abends noch sonnengeflutet.

Wer im Urlaub ist, möchte seinen daheimgebliebenen Liebsten natürlich auch etwas mitbringen. Fündig wird man im Vini D'Italia, einem gut sortierten Weingeschäft mit Bar. Der Star ist hier das handgemachte Mandelgebäck „MerkEle“. Ein Paket ging an Angela Merkel. Die Antwort aus ihrem Büro ließ nicht lange auf sich warten: „Herzlichen Dank für die wohlschmeckenden Cantuccini (…) und die besondere Wertschätzung der Bundeskanzlerin“. Der Zuspruch tue gut. Engen diplomatischen und kulinarischen Banden zwischen Deutschland und Italien steht hier auf der Piazza also nichts mehr im Wege.

- Piazza Italia, Goethestraße 52, 38440 Wolfsburg
- ÖPNV: Diverse Busse, Haltestelle Piazza Italia oder Kaufhof

AGLIO, OLIO
E PEPERONCINO
KOMPOSITION FÜR
KNOBLAUCH,
OLIVENÖL
UND CHILI

Jung und frei

5 Die Galerie Junge Kunst in der Schillerstraße

Frech und wild, das sind die Künstlerinnen und Künstler, die ihre Werke in der Galerie des Vereins Junge Kunst ausstellen dürfen. Wer jünger als vierzig ist, kann sich hier auf einen der vier Ausstellungszeiträume pro Jahr bewerben. In der Gestaltung ist man dann sehr frei. Das tut gut und macht jeden Besuch aufs Neue zu einer Entdeckungsreise für alle Sinne und zu einem kleinen Kurzurlaub in der Kunst. Denn meistens sind die gezeigten Exponate sehr interaktiv. Wie die in der Ausstellung „Fjármálahljóð“ des Künstlers Philipp Valenta, in der er sich am Beispiel Islands mit den Auswirkungen der globalen Finanzwirtschaft auf Gesellschaft und Natur auseinandersetzt. Das geschieht sehr kreativ und unkonventionell. Verkupferte Lavasteine sind Teil eines Kreislaufsystems, welches PC-Lüfter antreibt, die den Gästen wiederum den Wind und die Kühle Islands direkt ins Gesicht pusten und die Ausstellung hautnah erlebbar machen. Die Lüfter stehen sinnbildlich für den steigenden Strombedarf des Bitcoin-Minings auf Island, das im Jahr 2019 erstmals mehr Strom verbrauchte als alle Privathaushalte der Insel zusammen. Beim nächsten Exponat faucht, dampft und rauscht ein Schwefelvulkan in Bild und Ton so real in den Sinnesorganen, dass man durch den großen Fernseher direkt in die magische und verschneite Landschaft hineingezogen wird. Eine andere Installation zeigt die Verschuldung Islands, auf einer Orgel interpretiert. Der Organist Nathan Hall spielt mit einer Hand die absolute und mit der anderen Hand die relative Verschuldung. Das sind erfrischende Impulse, die den Besuch in der Galerie zu einem Erlebnis machen.

Die Vereinsmitglieder erklären mit großem Elan und viel ansteckender Freude die großen und kleinen Highlights in den Räumen und zaubern den Kunstinteressierten damit ein Lächeln aufs Gesicht. Sie erzählen auch spannende Anekdoten über die Besuche der Künstler in der Ausstellung und geben wertvolle Tipps für weitere Streifzüge durch die Wolfsburger Kunst- und Kulturszene.

TIPP

Nach dem Besuch lecker schlemmen in einem der Restaurants auf der nahen Piazza Italia.

- Galerie Junge Kunst, Schillerstraße 23, 38440 Wolfsburg, Tel. (0 53 61) 89 88 60 www.junge-kunst-wolfsburg.de
- ÖPNV: Diverse Busse, Haltestelle Kunstmuseum

Wolfsburger Höhenflüge

6 Die Aussichtsplattform auf dem Rathaus

Das Wolfsburger Rathaus ist eine stattliche Erscheinung. Zehn Etagen ist es hoch und erhebt sich stolz über der Stadt. Auch ein Glockenspiel hat es. Das klimpert nicht nur klassische Töne, sondern in der Adventszeit auch mal ein heimeliges „Stille Nacht, heilige Nacht" oder für eine Ausstellung im nahen Kunstmuseum ein energetisches „Money, Money, Money" von ABBA. Einen Rathausbalkon hat es allerdings nicht. Dieser Umstand wurde zum Lieblingsthema der Stadt, als der Vfl Wolfsburg 2009 Deutscher Fußballmeister wurde. Bekannt war das Fehlen bereits seit 2004, als die Mannschaft erstmals Tabellenführer der Bundesliga war. Vollmundig ließ Bayern-Manager Uli Hoeneß damals verlauten, im Falle einer Meisterschaft den fehlenden Balkon zu spendieren. Nur fünf Jahre später schien er davon nichts mehr wissen zu wollen. Geklärt war die Balkonfrage also noch nicht. Die dem Triumph angemessene Variante wäre die hoch über der Stadt fliegende Aussichtsplattform des Rathauses gewesen. Allerdings hätten die Fans ihre Mannschaft dann nicht hautnah erleben können. So entschied man sich ganz bodenständig für eine Bühne auf dem Marktplatz vor dem Rathaus.

Die Dachterrasse ist weiterhin ein fast unberührtes Refugium. Eine gute Entscheidung für alle, die gehobene Stadtansichten zu schätzen wissen. Schließlich möchte man beim entspannten Betrachten der unten liegenden Miniaturwelt den Hauch des Exklusiven spüren. Die Aussicht ist auf dem Rathaus besonders spektakulär. Kleine Modellautos fließen durch die Straßen und bunte Punkte flanieren durch die Fußgängerzone. Bei einem angenehm kräftig wehenden Wind öffnet sich ein wunderbarer Rundumblick über die Stadt. Viele Glücksorte wie der Klieversberg oder das Schloss sind in der Ferne zu sehen und machen Lust auf eine Entdeckungstour. Jeden ersten Samstag im Monat kann die wunderbare Dachterrasse als Geschenk der Stadt an ihre Bürgerinnen und Bürger kostenfrei erlebt werden (Treffpunkt ist das Foyer von Rathaus A um 11:45 Uhr).

TIPP

Ein Gang auf das Rathausdach lässt sich sehr gut mit einem Besuch auf dem Wochenmarkt verbinden.

● Rathaus A, Porschestraße 49, 38440 Wolfsburg, Tel. (0 53 61) 89 99 30
www.wolfsburg.de/rathausplattform

● ÖPNV: Diverse Busse, Haltestelle Rathaus oder Kunstmuseum

Koryphäen des Waldes

7

Das Arboretum im Wolfsburger Stadtwald

Insgesamt 950 Hektar Wald gehören zur Stadt Wolfsburg. Das sind mehr als 1.300 Fußballfelder, was Wolfsburg zu einer der grünsten Städte Deutschlands macht. Der Wald ist nicht nur wohltuender Naherholungsraum für die gestressten Städter, sondern auch das Zuhause von vielen Pflanzen und Tieren. Rehe, Wildschweine, Füchse, Hasen und Rothirsche kann man hier treffen, und seltene Pflanzen wie den Märzenbecher oder Orchideen bestaunen. Dabei beruhigt das Rauschen der Blätter und das Zwitschern der Vögel. Der Gang wird langsam und die Atmung ruhig. Frische Luft strömt in den Körper und gibt neue Kraft und Energie für den Tag. Für die größten Gewächse im Wald, die Bäume, wurde ein wunderbarer Ort des Entdeckens geschaffen: das Arboretum. Hier kann man sich spielerisch den Königinnen und Königen des Waldes annähern. Eine Mischung aus Erlebnispfad, Wissensquelle und Picknickplatz lädt zum Besuch in einen „Wald im Wald“ ein. Wer den verschlungenen Pfaden durch das Dickicht folgt, lernt spielerisch nicht nur heimische Arten wie die Buche, die Eiche oder die Fichte kennen. Auch für mitteleuropäische Breiten exotische und seltene Bäume ferner Kontinente dieser Welt sind zu bestaunen. Schnell ist die Neugierde geweckt. Welche spannenden Exemplare wohl hinter der nächsten Biegung warten?

TIPP

Essen und Trinken in Mehrwegbehältnissen einpacken für ein Picknick in der Holzhütte des Arboretums.

Selbst Neulinge auf dem Gebiet der Botanik packt im Arboretum die Lust an Entdeckungen. Wer die über sechzig verschiedenen Arten von Angesicht zu Angesicht bestaunt und die Jahresringe an den Wissensstationen gezählt hat, darf einen Moment innehalten und durchatmen. Tiefe Dankbarkeit ist spürbar, für die neue und kraftvolle Verbindung zur Natur, die das Arboretum schafft. So werden nicht nur Bäume hier verwurzelt, sondern auch der Mensch mit der Natur. Wieder im Einklang mit sich selbst und mit gestilltem Wissensdurst erfrischt dann das Wasser der nahen Tommyquelle Körper und Geist. Wer jetzt noch einen kleinen Spaziergang durch das wunderschöne Tal des Erlengrunds macht, kehrt glücklich und zufrieden heim.

- Arboretum Wolfsburg, Uhlenhorst 41, 38444 Wolfsburg
- ÖPNV: Bus 202, 218, 222, Haltestelle Am Stemmelteich (ca. 15 Minuten Fußweg)

Glück wächst auf Bäumen

8

Der Monkeyman Hochseilgarten im Allerpark

Ein Surren hallt durch den Wald. Vögel zwitschern und die Bäume knarzen andächtig. Die tiefblaue Wasseroberfläche des nahen Allersees schimmert durch das Dickicht. Hoch oben in den Wipfeln hangeln sich Sportlerinnen und Entdecker von Krone zu Krone. Ein schöner und naturnaher Abenteuerspielplatz liegt hier mitten in der Stadt. Beim beschwingten Gang über den ausgestreuten Rindenmulch ist Vorfreude spürbar. In Höhen zwischen 1,5 Metern und 14 Metern finden kleine und große Abenteuerlustige im Monkeyman Hochseilgarten die für sie passende Herausforderung. Kleine Kinder winken stolz ihren Eltern vom bodennahen Niedrigseilgarten aus zu. Größere Geschwister erleben auf den höheren Parcours zusammen ein Erfolgserlebnis.

Auf Parcours Nummer vier schließlich werden Höhen von zehn Metern und mehr erklommen. Selbst wer die anderen Hindernisbahnen einfach bewältigt hat, findet hier ein forderndes Erlebnis. Die verwendete Technik ist aber TÜV-geprüft und wird regelmäßig gewartet. Flink und selbstbewusst geht es also an der Strickleiter auf die erste Plattform in den Kronen der Bäume. Wie ein Matrose am Segelmast fühlt sich das an, weil es fast so sehr schaukelt wie auf einem richtigen Schiff. Oben angekommen gilt es, von Baum zu Baum immer neue Herausforderungen zu bewältigen. Wer solche liebt, hopst freudig in hohen Höhen über die viel zu einfache Hängebrücke. Doch das ist erst der sanfte Einstieg. Danach warten an Seilen baumelnde Autoreifen darauf, in ungewohnter Höhe durchklettert zu werden. Auch das klappt, ist aber schon schwieriger. Nach insgesamt siebzehn Aufgaben ist das Ziel erreicht. Nun belohnt die Seilrutsche beim rasanten Ritt durch den Wald mit einem überbordenden Glücksgefühl. Freischwebend ist endlich das große Abenteuer spürbar. Was für ein Ort! Wer jetzt noch Kraftreserven übrig hat, leiht sich bei der Rückgabe der Kletterausrüstung einfach ein Stand-up-Paddle-Board und ab geht es auf das glitzernde Wasser.

TIPP

Zwischen alten Eichen liegt gegenüber ein wunderbarer Seilspielplatz für die kleinsten Entdecker.

● Monkeyman Hochseilgarten, Allerpark 6, 38448 Wolfsburg, Tel. (08 00) 2 22 78 88
www.monkeyman.eu

● ÖPNV: Diverse Busse, Haltestelle Autostadt oder Badeland
(ca. 10 Minuten Fußweg)

Genuss auf ganzer Linie

9 Das Alvar-Aalto-Kulturhaus in der Porschestraße

Alvar Aalto war ein Meister seines Fachs. So entwarf der bekannte finnische Architekt nicht nur die Hülle seiner Gebäude, sondern gestaltete sie als Möbeldesigner auch im Innern stilvoll bis in das kleinste Detail. Mit insgesamt drei Gebäuden von ihm ist Wolfsburg Deutschlands Aalto-Hauptstadt. So stammen die Entwürfe für die Stephanuskirche in Detmerode und die Heilig-Geist-Kirche am Klieversberg aus seiner Feder. Am bekanntesten dürfte in der Stadt aber das Alvar-Aalto-Kulturhaus sein, welches 1962 eingeweiht wurde. Auch wenn es auf den ersten Blick zwischen den vielen größeren und moderneren Bauten kaum auffällt, so ist es auf den zweiten Blick doch ein Gesamtkunstwerk. Alle Details, von Lampen und Türklinken bis hin zu den Stühlen, wurden von Aalto selbst entworfen. Ein Umstand, der das Gebäude in der modernen Welt des Bauens, mit industriell gefertigten Teilen, zu einem wahren Juwel macht. Welch ein Glück, dass es auch als ein solches genutzt wird. Denn es vereint alles in sich, was Spaß und Freude macht. Die großzügig ausgestattete Stadtbibliothek bietet Lesefüchsen, Sachbuchenthusiastinnen und Filmliebhabern einen Rückzugsort zum Stöbern, Entspannen und Entdecken. Viel Tageslicht und verbautes Holz im Innern verströmen dabei nordische Gemütlichkeit. Wissensdurstige finden bei vielfältigen Veranstaltungen in den Hörsälen zufriedenstellende Antworten auf ihre Fragen. Die windgeschützte Dachterrasse kommt als dezenter Innenhof daher und bietet Sonnenanbetenden einen wahr gewordenen Sehnsuchtsort.

TIPP
Das im Haus beheimatete Forum Architektur organisiert vielfältige Veranstaltungen rund ums Bauen.

Ein Highlight ist auch das Restaurant aalto. Hier wurde reduziertes skandinavisches Design mit der wunderbaren Wuseligkeit eines italienischen Restaurants gemischt. Eine eigentlich unmögliche Kombination. So versucht man, das Geheimnis dieses Ortes zu ergründen, geht auf Tuchfühlung mit Materialien, Formen und Farben. An wenigen Orten in der Stadt isst das Auge so sehr mit wie hier. Die Pasta kommt und man taucht vollständig ein, in diese schöne, feine Welt.

- Alvar-Aalto-Kulturhaus, Porschestraße 51, 38440 Wolfsburg, Tel. (0 53 61) 28 25 30
www.wolfsburg.de/stadtbibliothek
- ÖPNV: Diverse Busse, Haltestelle Kunstmuseum

Wolfsburgs weiße Weste

10 Schloss Wolfsburg in Alt-Wolfsburg

Schloss Wolfsburg ist der Stolz der Stadt. Über sechshundert Jahre lang wachten von hier aus die Adelsgeschlechter von Bartensleben und von der Schulenburg über die erste Wolfsburger Siedlung Alt-Wolfsburg und die umliegenden Ländereien. Zuerst als Wohnturm ausgelegt, wurde die Wolfsburg später zu einer wehrhaften Wasserburg umgebaut. Schließlich wurde durch weitere Ausbauten das Schloss Wolfsburg daraus – heute die nordöstlichste Vertretung der Weserrenaissance. Inzwischen gehört es der Stadt. Die sorgte dann 2014 auch dafür, dass die ehemalige Burg noch mehr Schloss wurde. Schon im April desselben Jahres konnte man sich freuen, als Denkmalschützer im Interview mit einer lokalen Zeitung ankündigten: „Das Aussehen des Schlosses wird sich spektakulär verändern". Diese Ankündigung war nicht übertrieben.

TIPP

Ein (hoffentlich) einmaliges Erlebnis: im Gartensaal den Bund fürs Leben schließen.

Als das Gerüst abgebaut wurde, erschien die Überraschung: Der sanierte Teil der historischen Fassade erstrahlte nun schneeblütenweiß, der Rest war weiter braun. Expertinnen und Politiker bemühten sich, die historische Richtigkeit herauszustellen und ein baldiges Auswaschen der Kalkpartikel anzukündigen. Bisher ist das Schloss allerdings weiß geblieben. Was insgeheim alle freut.

Strahlen und leuchten dürfen auch die Innenräume, in denen die städtische Galerie und der Kunstverein Wolfsburg grandiose und kostenfreie Ausstellungen organisieren. So bespielen Medieninstallationen und Skulpturen in wunderbaren Räumen mit bogenförmigen Decken und runden Säulen alle Sinne. Der Berliner Künstler Michael Müller hüllte beispielsweise kurzerhand den gesamten Westflügel mit silbernem Stoff ein und schuf eine losgelöste Ausstellungswelt für die Sammlung der Städtischen Galerie. Kunstexpertinnen führen mit großer Leidenschaft und Hingabe durch die Säle. Im Juni verwandeln Musiker aus aller Welt zudem den Schlossinnenhof in die Internationale Sommerbühne und kurz vor Weihnachten kommen auf dem heimeligen Markt „Advent im Schloss" festliche Gefühle auf.

- Schloss Wolfsburg, Schlossstraße 8, 38448 Wolfsburg, Tel. (0 53 61) 28 15 91
  www.wolfsburg.de/kultur/museen
- ÖPNV: Bus 160, 201, 202, 213, 300, Haltestelle Schloss

Schwimmen im Denkmal

11

Das historische VW-Bad am Stadtwald

Der Sommer ist die schönste Jahreszeit im Jahr. Wenn es warm ist und die Sonne den Körper wohlig mit Lebenslust durchflutet, dann ist es Zeit für einen Besuch im Freibad. Die großen Wasserflächen glitzern tiefblau im gleißenden Licht und versprechen Energie und Abkühlung zugleich. Bei strahlendem Sonnenschein lassen sich am Beckenrand die Beine herrlich entspannt ins kühle Nass baumeln. Echtes Urlaubsgefühl, direkt vor der eigenen Haustür, ist hier für alle garantiert.
Eine der stilvollsten Badeanstalten unter freiem Himmel ist das VW-Bad, welches im Jahr 1951 als Geschenk von Volkswagen an die Stadt Wolfsburg eröffnet wurde. Es ist das älteste und gleichzeitig schönste Freibad in der Stadt, malerisch gelegen zwischen Wäldern und Wiesen. Historische Pavillons für Umkleiden und Duschen wechseln sich ab mit knorrigen Bäumen und erhabenen Sandsteinfelsen. Ein wunderbares Ensemble, welches heute sowohl als Architektur- als auch Landschaftsdenkmal unter Schutz steht. Von Mai bis September kann man es mit allen Sinnen genießen.
Im Familienbecken blubbern fröhlich Luftblasen an die Oberfläche und unter dem Wasserfall-Baum sind spannende Abenteuer garantiert. Eine formschöne Bogenrutsche verspricht rasante Erlebnisse. Im beheizbaren 50-Meter-Becken finden Sportbegeisterte auch in der Nebensaison ihr persönliches Eldorado. Über allem ragt der Star des Bades in den Himmel – ein 10-Meter-Turm, auf dem man sich an seine persönlichen Grenzen herantasten kann. Wagemutige Helden stürzen sich hier vor den Augen der Angebeteten in die Fluten. Manchmal sogar mit dem Kopf zuerst. Unten auf dem Boden der Tatsachen geht es deutlich geruhsamer zu. Über fünfzig Jahre lang sorgte „Kuchen-Paul" für das leibliche Wohl, frisch gemähten Rasen und funktionsfähiges Inventar. Inzwischen ist er neunzig Jahre alt, aber immer noch jeden Tag im Bad. Schon lange hat er freien Eintritt – und für alle ein Lächeln auf seinem braun gebrannten Gesicht parat.

TIPP
Beachvolleyball mitnehmen und die eigene Sportlichkeit auch an Land im Sand unter Beweis stellen.

- VW-Bad, Berliner Ring 41, 38440 Wolfsburg, Tel. (0 53 61) 2 40 04
www.wolfsburg.de/leben/sport/badespass
- ÖPNV: Bus 215, 216, 225, 226, Haltestelle VW-Bad

10m

Ein Fest für alle Sinne

12 Der Wolfsburger Wochenmarkt auf dem Rathausplatz

Marktplätze sind schon seit Jahrtausenden die belebten Zentren von Städten. Hier treffen sich Menschen, um Waren, Ideen und Dienstleistungen anzubieten und auszutauschen. Als ein Teil dieser Funktionen ins Internet abwanderte, mahnten Kritiker einen Verlust von Kulturgut und öffentlichem Leben an. Glücklicherweise, oder auch logischerweise, ist genau das Gegenteil passiert. Denn ein wichtiges Bedürfnis der Menschheit haben die Mahnenden vergessen. Als soziale Wesen leben wir vom persönlichen Austausch und unvorhergesehener Interaktion mit anderen, die uns ein unglaublich wohliges Gefühl von Geborgenheit geben und die Gewissheit, Teil eines großen Ganzen zu sein. Dieser Wunsch ist sogar noch größer geworden, seit es das Internet gibt. So ist es nicht verwunderlich, dass auch der Wolfsburger Marktplatz immer mittwochs und samstags in voller sozialer Blüte steht. Hier spielt das Leben und alle dürfen sich zugehörig fühlen. Identitätsstiftend ist dabei insbesondere der Stand mit der berühmten Volkswagen-Currywurst, bei dem Gespräche mit Wolfsburger Locals selbstverständlich inklusive sind.

TIPP
Weitere Wochenmärkte finden am Brandenburger Platz, in Fallersleben, Vorsfelde und Detmerode statt.

Während der Mittwoch als Markttag im Zeichen der Mitarbeitenden aus Rathaus und umliegenden Büros steht, ist der Samstag ein Familienfest. So ein Markttag lässt sich ja auch prima mit anderen Besorgungen in der Stadt verbinden. Ein Bummel durch die Gassen verspricht dann ein Erlebnis für alle Sinne. Die bunten Dächer der Stände bilden schöne Mosaike auf dem quadratischen Platz und ausladendes Obst tupft vorsichtig weitere feine Farbnuancen ins Bild. Der leckere Duft von Oliven und anderen eingelegten Köstlichkeiten weht über den Platz. Die strahlende Blumenverkäuferin, die hier ihre Leidenschaft zum Beruf gemacht hat, zaubert mit ihren bunten Sträuße allen ein Lächeln ins Gesicht und eine wohlige Wärme ins Herz. Ein Besuch auf dem Markt lohnt sich einfach immer.

- Wochenmarkt auf dem Rathausplatz, Porschestraße 49, 38440 Wolfsburg
www.wolfsburg.de/markt
- ÖPNV: Diverse Busse, Haltestelle Rathaus oder Kunstmuseum

Wo der Wein zu Hause ist

13

Das Casa España in Mörse

Alles fing recht unscheinbar an. Diplom-Physiker Uwe Meyer betrieb im süßen Wolfsburger Stadtteil Mörse eine kleine Schreinerei. Bald schon kam der Vertrieb von Radios und Fernsehapparaten hinzu. Als er schließlich durch Zufall mit einem Weinhändler in Düsseldorf in Kontakt kam, war die Idee zur Geschäftserweiterung geboren: Von nun an hieß sein Geschäft „Hifi, Wein und Möbel". Ein Unternehmen für alles, was Freude macht. Die Flaschen kamen alle aus kleinen Bodegas, spanischen Weinkellern, die zu wenig Volumen für den Großhandel produzierten. So fanden sich in der Schreinerei edle Tropfen, die sonst nicht in Deutschland erhältlich waren. Allerdings lief das Geschäft mit den iberischen Flaschen zuerst nur nebenbei. Das änderte sich, als er seine Frau Catja Weber kennenlernte und sie ihm zuliebe nach Wolfsburg zog. Sie übernahm den Handel mit dem Wein und eröffnete zusammen mit drei Mitstreiterinnen das Casa España.

Bis heute sind sie trotz einer beeindruckenden Zahl von 330 verschiedenen Weinen der Grundphilosophie treu geblieben und beziehen ihre Ware weiter direkt ohne Zwischenhändler aus den kleinen Bodegas, fast alle davon in Bioqualität. Übrigens haben sie jede auch schon selbst besucht. So entstehen Geschichten um die Weine und Flaschen im schnuckeligen Laden. Dieser ist von unten bis oben mit den verschiedensten erlesenen Tropfen aus Spanien gefüllt. Eine große Karte an der Wand gibt Auskunft über die vielen Weinanbaugebiete des Landes. So kann nachvollzogen werden, wo der auserwählte Rioja genau herkommt. Auch die spanische Community ist hier gerne zu Besuch, um sich am mediterranen Lebensgefühl zu erfreuen. Nicht nur die Stammkundschaft schätzt das wunderbare Bauernhaus mit dem gemütlichen lodernden Kamin in der Mitte und vielen verheißungsvollen Glücksmomenten in Flaschen für zu Hause. Wer einmal zu Besuch war, kommt immer wieder hierher.

TIPP

Unter www.wein-aus-spanien.org finden sich weitere Informationen über die Anbaugebiete.

● Casa España, Hattorfer Straße 23, 38442 Wolfsburg, Tel. (0 53 61) 7 75 92 52
www.casa-espana-wolfsburg.de

● ÖPNV: Bus 204, 211, 212, 224, Haltestelle Mörse

YOTUEL

Von Dichtern und Denkern

14 Schloss und Schlosspark in Fallersleben

Parks machen unsere Welt schöner, grüner und lebenswerter. Sie sind die lebendigen Rückzugsorte in unseren Städten und Dörfern und geben uns Luft zum Atmen. Atmen heißt Leben. Damit wir schöne Dinge machen können – den warmen und sonnigen Tag genießen beispielsweise, oder um ein paar poetische Zeilen zu dichten. Beides geht hervorragend im Schlosspark Fallersleben. Das empfand schon August Heinrich Hoffmann so, einer der berühmtesten Söhne der Stadt Wolfsburg. Deutlich bekannter ist er unter dem Namen Hoffmann von Fallersleben, als Autor von „Das Lied der Deutschen", welches heute die deutsche Nationalhymne ist. Auch Klassiker wie „Alle Vögel sind schon da" stammen aus seiner Feder. Wurde er hier im Park, nahe seines sehenswerten Geburtshauses, dazu inspiriert? Möglich wäre es auf jeden Fall. So stellt man sich vor, wie Hoffmann von Fallersleben durch den Park spaziert und die Vögel zwitschern, die strahlend weiße Michaeliskirche im Hintergrund. Davor der grün umrandete Schlossteich mit seiner majestätischen Fontäne in der Mitte. Lachen weht als Bote der Freude aus dem nahen Brauhaus über das Wasser. Hier kann man gar nicht anders, als das eigene Glück poetisch zu ergründen.

TIPP
Stilvoll übernachten und speisen im nahen Hoffmannhaus, wo von Fallersleben geboren wurde.

Hoffmann gefiel seine Heimat – der örtliche Namenszusatz „von Fallersleben" ist nämlich selbstgewählt. So erlangte der heutige Wolfsburger Stadtteil weit über die Region hinaus Bekanntheit. Die stolzen Fallersleber wandeln im Hoffmann-von-Fallersleben-Museum auf seinen Spuren, stilecht im ehemaligen Wasserschloss, welches immer noch in jugendlichem Rosa erstrahlt. Sie feiern sich und das Leben beim jährlich stattfindenden Weinfest im Innenhof des Schlosses, bei dem nicht nur edle Tropfen farblich passend zum Schloss, sondern auch tiefrote und weiße Kelterware ausgeschenkt wird. Die Stimmung ist dabei immer großartig. Übertrumpft wird diese Ausgelassenheit nur, wenn in den nahen Fachwerkgassen das Fallersleber Altstadtfest Fahrt aufnimmt und der Park auch nachts zum belebten Rückzugsraum wird.

● Schloss und Schlosspark Fallersleben, Schloßplatz 7 A, 38442 Wolfsburg, Tel. (0 53 62) 52 623, www.wolfsburg.de/hoffmann-von-fallersleben-museum
● ÖPNV: Bus 180, 204, 211, 227, Haltestelle Altes Brauhaus

Schillernd-bunte Glücksgefühle

15

Das Café Schrill in Mörse

Das Café Schrill macht seinem Namen in der Wolfsburger Gastronomieszene alle Ehre. Schon beim Betreten des historischen Fachwerkhauses im Stadtteil Mörse fällt auf, dieser Laden ist anders. Ja geradezu schillernd-alternativ! Und das ist auch gut so. Wolfsburg ist mit diversen privaten und einer staatlichen Hochschule zwar eine Stadt für Studierende. Diese Szene steckt aber, ebenso wie die Stadt selbst, noch in ihrer jugendlichen Sturm-und-Drang-Phase. Umso erfrischender ist ein Besuch im Schrill. Das liegt nicht nur am frisch gezapften Bier. Historische Möbel und alte Bilder sind ohne erkennbare Ordnung zufällig im Raum und an den Wänden verteilt. Ein buntes Sammelsurium an Gegenständen, die zwar nicht wirklich zueinander passen, im Zusammenspiel jedoch eine Wärme und Gemütlichkeit erzeugen, wie sie nur selten in einem Lokal zu finden ist. Wäre nicht an jedem Tag der Woche so viel los, man könnte sich in einem Antiquitätenladen wähnen. Die Stimmung ist ausgelassen, Gläser klirren und es wird viel gelacht. Man trifft alte Bekannte und lernt neue Freunde kennen. Auch Lesungen und Events mit Live-Musik werden veranstaltet. Bei den im Schrill organisierten Spieleabenden kann auch schon einmal Volksfeststimmung aufkommen. Ein kleiner, aber feiner Außenbereich lädt im Sommer zudem zu entspannten Stunden im wohltuenden Sonnenlicht ein. Eröffnet wurde das Schrill im Jahr 1993 vom Wolfsburger Comedian und Sänger Giampiero Iampieri. Mit seiner Kunstfigur „Granato Rambocco" wurde er später im Stadion des Vfl Wolfsburg vor den Spielen mit seinem Gesang „Wolfsburgo wird Meister" bekannt. Zehn Jahre später stand das Schrill zum Verkauf. „Diese Location muss bewahrt werden!", fand Stammgast Luca Buono und griff zu. Bis heute führt der in England geborene Sohn eines Italieners und einer Spanierin das Lokal so schrill und schillernd nebenberuflich weiter, wie Giampiero Iampieri es einst in Mörse eröffnete.

- Café Schrill, Hattorfer Straße 23, 38442 Wolfsburg, Tel. (0 53 61) 7 01 87 96
- ÖPNV: Bus 204, 211, 212, 224, Haltestelle Mörse

SCHRILL
Hasseröder
Premium Pils
Restaurant Kneipe Kultur
Hasseröder
Premium Pils

Ein Traum in heiß

16 Tête à Tee in der City-Galerie

Zwei Freunde, die sich vom Online-Gaming kennen, sitzen abends gemütlich zusammen und haben eine Idee. Aus einer Bierlaune heraus gründen Gero Langhof und Heiko Jaehnisch die Firma teezeit.de. Schnell verkaufen sie über einhundert verschiedene Sorten aus einem als Lager umfunktionierten Gästezimmer. Als die Räumlichkeit zu klein wird, mieten sie eine Scheune an. Schließlich bekommen sie von einem ihrer Hersteller den entscheidenden Tipp: In der City-Galerie wird ein Teeladen frei! Personal und Stammkundschaft freuen sich, denn nach zwanzig Jahren des Bestehens kann der beliebte Anlaufpunkt für Aromaliebende glücklicherweise weitergeführt werden. Nach einem notwendigen Umbau erstrahlt der Laden schließlich in neuem Glanz. Schon beim Betreten des kleinen und gemütlichen Geschäfts strömen den Gästen aus deckenhoch gestapelten Boxen mit losem Tee die verschiedensten Aromen entgegen. Heimische Kräuter mischen sich mit den aufregenden Düften von Orange und Zimt. Auch viele lokale Kreationen sind dabei, beispielsweise der Wolfsburger Kräutertee und der Vier-Jahreszeiten-Tee. Für einige Momente taucht man hier im Kontorhaus aus dem wuseligen Treiben der Innenstadt ab und lässt entschleunigt neue und sinnliche Eindrücke auf sich wirken. Was für eine wohltuende Pause! Dieser Laden ist ein wahrer Glücksfall für die zunehmend mit Filialen großer Ketten überzogene Fußgängerzone. Das ist Gero Langhof auch wichtig. Als Teil der „Generation Online" weiß er, was es braucht, um die Kunden aus dem Word Wide Web in den Einzelhandel zu locken und zufrieden zu machen. Er schafft hier, im Herzen von Wolfsburg, ein Erlebnis für alle Sinne.

Unten im Keller brummt derweil das Geschäft – über dreihundert Sorten Tee werden aus dem Untergeschoss der City-Galerie in alle Welt verkauft. Bis heute ist das für die beiden Gründer nur ein nebenberufliches Hobby. Was sie antreibt, ist die Leidenschaft für Tee. Welch ein Glücksfall!

TIPP

Das Angebot variiert saisonal. Besonders beliebt sind die vielen leckeren Weihnachtstees.

● Tête à Tee, Porschestraße 45, 38440 Wolfsburg, Tel. (0 53 61) 7 00 91 55
www.teezeit.de

● ÖPNV: Diverse Busse, Haltestelle Kaufhof

OHNE AROMA
KRÄUTERTEE
Nr.737 Wolfsburger Kräutertee
Purer Kräuter-Geschmack
Zutaten: Brombeerblätter, Himbeerblätter, Pfefferminzblätter, Hagebuttenschalen, Hagebuttenkerne, Riesengoldrutenkraut, Spitzwegerichkraut, Melissenblätter, Ringelblumenblüten, Rosenblütenblätter, Heidekrautblüten, naturbelassen
50g 100g 125g 250g 500g 1000g
2,85 € 4,45 € 5,50 € 10,35 € 19,95 € 37,90 €

Das Dorf in der Stadt

17 Das historische Alt-Heßlingen

Auch in der Stadt ist man manchmal auf dem Land. Im historischen Alt-Heßlingen fühlt sich das so an, mitten im Herzen von Wolfsburg. Oft vergessen und kaum von außen einsehbar wird das Dorf heute von der modernen Welt umschlossen. Keine fünf Minuten von der Fußgängerzone entfernt wähnt man sich in einer anderen Welt. Kleine Fachwerkhäuser und sympathisches Kopfsteinpflaster bilden einen in sich ruhenden Gegenentwurf zur wuseligen City. Mit der um das Jahr 1200 errichteten St. Annen-Kirche findet sich hier das älteste Bauwerk des Stadtzentrums. Und auch beim Klirren der Metallkugeln auf der Boule-Bahn ist die moderne und durchgetaktete Zeit ganz weit weg. Gleich um die Ecke verbindet das Atelier Café Tradition und Moderne auf eine ansprechende wie elegante Art und Weise. Das Frühstücksbuffet weiß zu überzeugen und die Auswahl an Kuchen lädt dazu ein, im siebten Gebäckhimmel zu schweben. Nicht umsonst ist dies das Lieblingscafé von Fußballtrainer Felix Magath, mit dem der Vfl Wolfsburg 2009 Deutscher Fußballmeister wurde. Der bekennende Perfektionist und Teeliebhaber lernte hier das bezüglich Auswahl und Qualität exzellente Angebot heiß servierter Brühspezialitäten kennen und schätzen.

TIPP

Das „einschlaf“ über dem Atelier Café ist Deutschlands kleinstes Drei-Sterne-Hotel.

Erst nach seiner Zeit in Wolfsburg eröffnete gegenüber das stilvoll eingerichtete Trendlokal Taparazzi. Aromen aus aller Welt werden hier kreativ in kleine Schälchen geholt. Gewagt ist die Verbindung des traditionsreichen Innenraums mit glitzernden und trendigen Accessoires der Neuzeit. Geradezu zurückhaltend und schlicht mutet dazu im Vergleich die benachbarte Spielstätte der Wolfsburger Figurentheater Compagnie an. Hier dreht sich alles um die liebevoll gestalteten Handpuppen, die seit dem Jahr 2000 in der „Bollmohr-Scheune“ zu Hause sind. Einen Schwerpunkt bieten Vorstellungen für Kinder, doch auch Erwachsene kommen mit einem eigenen Programm auf ihre Kosten. Alt-Heßlingen bietet eben Glücksmomente für alle.

- Alt-Heßlingen, An der St. Annen-Kirche 11, 38440 Wolfsburg
- ÖPNV: Diverse Busse, Haltestelle Stadtwerke

MICHELIN
2019

Reise mit (T)Raumschiff

18 Das Planetarium am Klieversberg

Die Türen schließen sich, langsam biegt sich der Sessel nach hinten und es wird dunkel. Die Augen müssen sich erst daran gewöhnen und für einen kleinen Moment ist alles komplett schwarz. Doch dann taucht ein kleines Raumschiff mit vielen runden Fenstern aus der Tiefe auf. Aus diesem werden Tausende kleine und größere Sterne greifbar nah an die kugelrunde Decke projiziert. Draußen ist es noch taghell, doch hier liegt die klarste Sternennacht über Familien, Freunden und Liebespaaren. Ein wunderbarer Anblick. Andächtig schweift der Blick umher. Schau da, eine Sternschnuppe! Ist das da drüben nicht der große Wagen? Zwischen dreißig und neunzig Minuten nimmt das kleine Raumschiff seine Gäste mit auf eine unvergessliche Reise. Klassische Sternenhimmel aus allen Regionen der Welt und aus allen Jahreszeiten können in einem der größten Planetarien Deutschlands bestaunt werden. Auch Kinderfilme werden als 360-Grad-Erlebnis angeboten. Für Erwachsene sind besonders die Dokumentationen zu verschiedenen Themen der Astronomie zu empfehlen, die Filmsequenzen und Sternenbilder miteinander verbinden. Diese Sinneserlebnisse sind sehr inspirierend. Wie die Show über die Entstehung der „Himmelsscheibe von Nebra", die die eigene Sichtweise auf unsere Herkunft sowie Zukunft als Mensch auf Erden in eine völlig neue Dimension katapultiert.

TIPP
Im Foyer können kleine und große Entdecker im Weltraumlabor unser Sonnensystem erkunden.

Aus einer ganz anderen Dimension reiste auch das erste kleine Raumschiff bei seinem Jungfernflug ins Planetarium nach Wolfsburg. Zusammen mit Produktionsmaschinen und dem Rohbau des Gebäudes wurde der vom volkseigenen Betrieb „VEB Carl Zeiss Jena" gefertigte Projektor Spacemaster im Rahmen eines Vertrags zwischen Volkswagen und der damals noch existierenden DDR im Tausch für zehntausend VW Golf erworben. 2010 wurde das Haus dann als erstes Planetarium der Welt mit Fulldome-Projektionstechnik ausgestattet – von der durch die deutsche Wiedervereinigung entstandenen Nachfolgefirma Carl Zeiss AG. Auch Konzerte, Lesungen und Musikshows finden heute hier statt.

- Planetarium Wolfsburg, Uhlandweg 2, 38440 Wolfsburg, Tel. (0 53 61) 89 02 55 10
www.planetarium-wolfsburg.de
- ÖPNV: Diverse Busse, Haltestelle Kunstmuseum oder CongressPark

Carl Zeiss

Frieden, der verbindet

19 Das Mühlenriedetal in Mörse und Ehmen

Besonders an klaren Tagen ist das Mühlenriedetal ein magischer Ort. Auf den Wasserflächen glitzert die Sonne wie Tausende Diamanten. Erlen säumen den renaturierten Bachlauf, der durch das schöne, saftig grüne Tal zwischen Mörse und Ehmen mäandriert. Seltene Exemplare der Gebänderten Prachtlibelle und der Blauen Federlibelle schwirren durch die Luft und ihre Flügel reflektieren das Tageslicht in schillernden Farben. Glückliche Menschen spazieren, joggen oder radeln durch das Tal, ein Lächeln auf ihrem Gesicht. Besonders einfach ist die Erkundung mit dem Fahrrad. Vom gemütlichen Ortsteil Mörse fährt man einfach den Berg hinunter, biegt an der prächtigen Gärtnerei Lieven rechts ab und ist mittendrin im Glück. Im ersten Abschnitt des Tals thronen die Ausläufer von Mörse stolz an der Kante zur Senke. Optisch ein bisschen die Hollywood Hills von Wolfsburg. Schick ist es hier. Etwas weiter laden ausgedehnte Wasserlandschaften im Wald zu spannenden Erkundungen ein. Nicht nur für Kinder ist das aufregend und ein großer Spaß. Wer traut sich, über die großen Baumstämme auf die kleinen Inseln zu balancieren?

Kurz darauf öffnet sich das Tal weitläufig und schafft Platz für saftige Wiesen zwischen grünen Hügeln. Zwei verbindende Elemente treffen sich, wenn die Mühlenriede den Alten Bahndamm kreuzt. Früher fuhren hier, auf der Schuntertalbahn, die Menschen zwischen Wolfsburg und Braunschweig durch das wunderschöne Tal, um sich zu besuchen, ein kurzer Moment des Staunens in der Natur inklusive. Die neue und schnellere Strecke, die Weddeler Schleife, verläuft heute weiter westlich und schafft auf dem Alten Bahndamm Platz für Erholung und langsamere Fortbewegung. Das steht ihm außerordentlich gut, diesem Botschafter aus früheren Zeiten. Die Mühlenriede selbst verbindet noch heute Wolfsburg und Gifhorn und damit nicht nur Menschen, sondern auch Fische, Langtasterwasserkäfer und andere, die in und um den Bach ein glückliches Zuhause gefunden haben.

TIPP

Direkt am Alten Bahndamm lädt ein Mountainbike-Parcours zu adrenalinreichen Fahrten ein.

- Mühlenriedetal, Baumschulenweg 1, 38442 Wolfsburg
- ÖPNV: Bus 204, 211, Haltestelle Im Dorfe (ca. 10 Minuten Fußweg)

Heile Welt

20 Die Brasserie Heimlich am Steimker Berg

Eben noch dominierten breite Hauptstraßen die Szenerie. Doch nach nur einem Mal abbiegen ist man plötzlich mitten im Wald. Die Siedlung Steimker Berg, gesäumt von knorrigen Eichen, ist ein friedlicher Ort. Angelegt als Gartenstadt, ist sie bis heute eine beliebte und doch schon historische Wohngegend im noch jungen Wolfsburg. Fensterläden und Putzfassaden versetzen beim Besuch in eine andere Zeit. Die Siedlung Steimker Berg steht daher inzwischen gänzlich unter Denkmalschutz. In ihrer Mitte findet sich ein großzügiger und gleichzeitig gemütlicher Marktplatz, so unaufdringlich, dass man ihn im Vorbeifahren fast übersehen hätte. Doch die vielen Menschen, die hier ein Zuhause gefunden haben, wissen ihr öffentliches Wohnzimmer sehr zu schätzen. Paare mit Kinderwagen und einem Lächeln auf dem Gesicht flanieren vorbei. Eine Rentnerin geht mit einem duftenden und blühenden Strauß Blumen über den Platz.

Jetzt fehlt zum kleinen Glück nur noch eine Tasse Tee oder Kaffee. Die Brasserie Heimlich ist hierfür der perfekte Ort. Von der Terrasse aus lässt sich das bunte Treiben auf dem Marktplatz gut beobachten. Im viel zu langen deutschen Winter ist die Lokalität drinnen zudem ein heimeliger und wärmender Ort. Die Speisekarte ist übersichtlich, aber schon beim ersten Besuch erstaunlich vertraut. Das liegt vor allem an den angebotenen Speisen – der Namenszusatz „Butter & Brot" ist Programm. Neben großen Platten mit frischen Backwaren und leckersten Käse- und Wurstspezialitäten gibt es auch saisonal wechselnde Suppen. Auch eine große Kuchenauswahl weiß zu entzücken. An einem gemütlichen Sonntagnachmittag braucht man sich so gar nicht erst zu entscheiden, ob es heute lieber süß oder deftig sein darf. Auf einmal ist es Abend, es wird langsam dunkel. Der Verdauungsspaziergang im nahen Hasselbachtal wird noch etwas warten müssen. Denn jetzt ist es Zeit für einen guten Wein, während draußen die Lichter in den Fenstern angehen.

● Brasserie Heimlich, Alte Landstraße 31, 38446 Wolfsburg, Tel. (0 53 61) 2 21 06 19
www.heimlich-wolfsburg.com
● ÖPNV: Bus 215, 216, 225, 226, Haltestelle Steimker Berg

ARTINI
MARTINI

Erlebnis Wissenschaft

21 Das Mitmachmuseum und Science Center phaeno

Im phaeno herrscht geschäftiges Treiben. Gläser klirren, Kinder und Erwachsene lachen, instrumentale Geräusche wehen durch die Halle. Schließt man während der Rolltreppenfahrt vom Eingang in die Ausstellung die Augen, wähnt man sich in einer geschäftigen und lebendigen Markthalle. Gewissermaßen ist man das hier auch – nur eben nicht für Speis und Trank, sondern für die Wissenschaft. Insgesamt 350 Experimente warten darauf, aktiv bespielt zu werden. Bewegen, hören, riechen, staunen. Das phaeno wird seinem Anspruch eines Mitmachmuseums mehr als gerecht. Jung und Alt lernen auf spielerische Weise die Gesetzmäßigkeiten der Naturwissenschaften kennen. Spektakulär sind die halbstündlich stattfindenden Vorstellungen des größten künstlichen Feuertornados Europas. Dicht an der Flammensäule fängt das Gesicht an zu glühen und die starke Kraft der Elemente ist spürbar. In einem sich drehenden Haus wird die Welt, wie wir sie kennen, im wahrsten Sinne des Wortes auf den Kopf gestellt. Nach so vielen Eindrücken ist es beim „Gedankenfußball" eine wahre Herausforderung, sich zu entspannen. Elektroden messen die Hirnströme – wer entspannter ist, kann den Ball in die Richtung des gegnerischen Tores spielen. Nicht ablenken lassen sollte man sich dabei vom spektakulären Ausblick in Richtung Autostadt und Hafenbecken.

TIPP
Im hauseigenen Wissenschaftstheater werden tolle Shows und Vorträge zum Staunen angeboten.

Auch von außen ist das phaeno beeindruckend. Entworfen von der britisch-irakischen Star-Architektin Zaha Hadid, steht es seit 2005 als überdimensionale Skulptur im öffentlichen Raum. Ein in der Ausstellung gezeigtes Hologramm befeuert die Legende, ein auf dem Mond landendes Raumschiff habe für diesen Entwurf Pate gestanden. Zum Glück bespielt das stiftungsgetragene Haus auch die Mondkraterlandschaft im Außenbereich und setzt so wertvolle Farbakzente und Sinneseindrücke in der Betonwüste. Nachts erstrahlt das Gebäude zudem in den buntesten Farben. Wie ein wertvoller Edelstein leuchtet das auf Stelzen stehende Gebäude dann über der Stadt.

- phaeno Wolfsburg, Willy-Brandt-Platz 1, 38440 Wolfsburg, Tel. (0 53 61) 89 01 00
www.phaeno.de
- ÖPNV: Diverse Busse, Haltestelle Wolfsburg ZOB

Landschaft zum Verlieben

22 Die Velpker Schweiz im Landkreis Helmstedt

Langsam geht die Sonne auf und die Wasseroberflächen der Seen und Teiche fangen an zu glitzern. Verwunschene Pfade schlängeln sich durch den Wald, vorbei an stolzen Bäumen, stillen Wassern und schroffen Felsen. Blätter rascheln und Vögel zwitschern. Ein ruhiges Refugium, das Spaziergängerinnen und Erholungsuchende gern besuchen. Richtig voll wird es hier fast nie und, wenn überhaupt, auch nur an manchen Orten. Selbst an heißen Tagen sind die zum Baden geeigneten Gewässer nicht so überlaufen wie der Allersee oder der Tankumsee. Jeder findet hier sein persönliches Glück. So wie der Rentner am verlassenen Teich, der gleich einen Campingstuhl mitgebracht hat, um meditativ den Blick in die Landschaft zu richten. Oder wie die lachende Tierfreundin, die mit ihrem süßen Hund ausgelassen über die Felder und Wiesen springt. Und natürlich das Liebespaar, das sich auf einem Baumstamm am kleinen Strand über ungestörte Zweisamkeit freut. Die Natur ist glücklich und malt mit großem Pinsel einen herzförmigen See in die Landschaft.

Die Velpker Schweiz ist, anders als ihr namentliches Vorbild in den Alpen, menschengemacht. Ursprünglich wurde hier über Jahrhunderte Sandstein abgebaut, doch nun hat sich die Natur diesen Platz zurückerobert. Ein wahrer Glücksfall, so ist diese Landschaft aus Felsen und Seen inzwischen ein wahres Kleinod. Die Wissbegierigen kommen gerne hierher, um auf einem Geopfad alte Gletscherschrammen und neue Biotope zu entdecken. Ein echter Geheimtipp ist der schon länger verlassene Campingplatz. Hier sprießen und blühen Hunderte Arten exotischer Bäume und Pflanzen und verzaubern ihn zu einem verwunschenen Ort. Auf einem großen Rundkurs kann man in diese wirklich einmalige Landschaft eintauchen. Der Weg über das Gelände wird immer noch frisch gemäht und lädt mutige Forschende zum Barfußlaufen ein.

TIPP

Den Geopfad verlassen und den eigenen persönlichen Glücksort abseits des Weges entdecken.

- Velpker Schweiz, Am Sportplatz 1, 38458 Velpke, Tel. (0 53 51) 121 14 44 www.elm-lappwald.de/ausflugsziele
- ÖPNV: Bus 380, Haltestelle Vorsfelder Straße; Bus 381, Haltestelle Sportplatz oder Steinbruch (ca. 10 Minuten Fußweg)

Organisch im Fluss

23 Das Scharoun Theater am Klieversberg

Hans Scharoun war ein Architekt und Visionär mit dem Hang zum „organischen Bauen“. Insbesondere die Herstellung einer Harmonie zwischen Landschaft und Gebäude sowie eine aus der natürlichen Beschaffenheit der verwendeten Materialien heraus entwickelte Form waren ihm wichtig. Er entwarf vor allem öffentliche Gebäude, die bis heute zu den bedeutendsten in den kleinen und großen Metropolen des Landes gehören. Einen besonderen Stil entwickelte er bei seinem Schaffen für Konzert- und Kulturhäuser, die unsere Welt wie ein großer Pinsel noch etwas schöner und farbenfroher machen. So darf sich Berlin seit sechs Jahrzehnten über die von ihm entworfene Philharmonie freuen – und Wolfsburg seit 1973 über das Stadttheater.

Auch heute noch wird man eins mit dem Bau, wenn man über die flauschigen weichen Teppiche des Foyers schwebt. Von der Theaterbar öffnet sich ein wunderbarer Blick über die Stadt und den angrenzenden Park. Ein Gong ertönt und es ist Zeit, in den großen Saal mit Orchestergraben und Bühne zu fließen. Ein vollständig mit Eschenholz ausgekleideter Raum öffnet sich in vollkommener Harmonie mit den wertig gefertigten, hölzernen Zuschauersesseln. Ein geschwungenes weißes Dach wird wie ein Sternenhimmel von Lichtern übersät und erinnert formschön an das im selben Jahr eröffnete Opernhaus in Sydney (Ein Zufall?). Die steil ansteigende Zuschauertribüne bietet auch in der letzten Reihe noch wunderbare An- und Aussichten, was die Gäste mit einer in Deutschland seltenen Hausauslastung von durchschnittlich neunzig Prozent belohnen. Auch für die Künstlerinnen und Künstler auf der Bühne ist das Publikum ungewohnt greifbar für Interaktion, weshalb das Theater besonders beliebt ist. Umgeben von dem inspirierenden Bau verschmelzen Kunstschaffende und Gäste Abend für Abend zu einer harmonischen, organischen Einheit. Gänsehautmomente sind garantiert, wenn nach der Vorstellung Applaus aufbrandet und das Publikum die gezeigten Darbietungen mit Standing Ovations konnotiert.

TIPP
Mit einem Abo jede Vorstellung vom persönlichen Lieblingsplatz aus erleben.

- Scharoun Theater Wolfsburg, Klieverhagen 50, 38440 Wolfsburg
Tel. (0 53 61) 26 73 38, www.theater.wolfsburg.de
- ÖPNV: Diverse Busse, Haltestelle Theater

Museum findet Hauptstadt

24 Das Herzog Anton Ulrich-Museum in Braunschweig

Braunschweig war Hauptstadt, genau genommen von 1235 bis 1946. Zuerst vom Herzogtum Braunschweig-Lüneburg, dann vom Herzogtum Braunschweig und schließlich vom Freistaat Braunschweig. Das ist den Menschen hier bis heute wichtig und wird auch gerne erzählt. Zu einer richtigen Hauptstadt gehört natürlich auch ein monumentales Museum. So ist es nicht verwunderlich, dass das Braunschweiger Herzog Anton Ulrich-Museum nun schon seit 250 Jahren eine Top-Adresse in Sachen Kunst ist. Es war eines der ersten öffentlich zugänglichen Museen Deutschlands und öffnete bereits 1754, nur ein Jahr nach dem British Museum in London, erstmals seine Pforten. Heute gehört es zu den größten und bedeutendsten Museen alter Kunst in Deutschland. Insgesamt 4.000 Kunstwerke aus 3.000 Jahren Kunstgeschichte werden hier präsentiert. Riesige Gemälde in noch größeren Hallen schaffen ein kosmopolitisches Raumgefühl, das man sonst nur an Orten wie der Kunstsammlung im Schloss von Versailles, der Alten Nationalgalerie in Berlin oder den Pinakotheken in München findet.

TIPP

Anschließend im kastaniengesäumten Garten der Kneipe „Friedrich der II." den Abend genießen.

Der wandelnde Gang durch die Hallen wird so zu einem betörenden Erlebnis. Andächtig ist der Schritt auf dem hellen Holzparkett, dessen Knarzen der Balken den historischen Charme dieses Ortes untermalt. Gemälde der Cranach-Familie, von Albrecht Dürer, Rembrandt und Rubens verströmen eine besondere Aura und führen in eine andere Welt. Egal ob es draußen stürmt oder schneit, es hell oder dunkel ist, in diesem Festspielhaus für die Sinne bleibt die Zeit einfach stehen. Jedem Raum wohnt ein ganz individueller Zauber inne. So ist es einfach, sich davon in den Bann ziehen zu lassen, abzuschalten und die Kunst auf sich wirken zu lassen. Von Porträts bis hin zu großformatigen Landschaftsbildern lädt eine Vielzahl an Werken zu Entdeckungen ein. So ist der Besuch im Herzog Anton Ulrich-Museum vom Kleinkind bis zur Großmutter für alle ein spannendes Erlebnis. Die Menschen aus Braunschweig vergewissern sich hier zudem: Wir können immer noch Hauptstadt!

- Herzog Anton Ulrich-Museum, Museumstraße 1, 38100 Braunschweig, Tel. (05 31) 1 22 50, www.3landesmuseen-braunschweig.de
- ÖPNV: Straßenbahn 4, 5, Haltestelle Braunschweig Museumstraße

In der Ruhe liegt die Kraft

25 Die Hattorfer Teiche im Wolfsburger Stadtwald

Es ist noch frühmorgens und die Sonne geht langsam auf. Erste Lichtstrahlen finden ihren Weg durch die majestätischen Bäume und lassen den aufsteigenden Wasserdampf über den Hattorfer Teichen silbrig leuchten. Ein wunderbarer, goldener Herbsttag kündigt sich an. Doch noch dominieren gedeckte Farben diesen Ort, der im Mittelalter zur Fischzucht geschaffen wurde. Diese wird hier schon lange nicht mehr betrieben und heute dürfen alle Tiere glücklich und zufrieden leben. Der frühe Vogel fängt die Magie und so zwitschern erste Tiere der Lüfte ihre Freudenlaute in den stolzen Wald. Immer mehr werden es und die Natur begrüßt den Tag. Enten bevölkern den See und wohlgenährte Karpfen blubbern fröhlich Luftblasen an die Wasseroberfläche. Doch geschäftige Betriebsamkeit herrscht nur im Reich der Tiere. Der Mensch findet hier einen lang ersehnten Rückzugsort. Regungslos ruht das Wasser im Steffensteich, dem Kalensteich und dem Niemannsteich. Meditative Endlosigkeit ist greifbar. Die Zeit steht still. Da ist sie endlich, die lang ersehnte, belebende Pause. Unerwartet und wohltuend. Einmal tief durchatmen und die Wiedervereinigung mit der Natur ist geglückt. Spürbar ist jetzt die Kraft der Unendlichkeit, die von ihr ausgeht und die dem Leben einen tieferen Sinn gibt. Ein Lächeln umspielt den Mund angesichts des Unsinns von gemessener Zeit. Das ist der Moment, um einfach nur wahrhaftig lebendig zu sein und das Leben zu genießen. Der schönste Anlass, um glücklich zu sein. Dieser Ort ist magisch. Schon vor über fünfhundert Jahren geschaffen, ist er bis heute eine Einladung, wieder zu sich selbst zu finden. Alles wird luftig und frei. Die Gedanken lösen sich auf und steigen auf und davon. Einfach leben. Hier im Jetzt, im Einklang mit den Hattorfer Teichen. Wer einmal hier war, beschließt wiederzukommen. Im Winter, im Frühjahr und im Sommer. Im Wandel der Zeit, bleibt hier alles gleich.

TIPP

Zeit nehmen und den persönlichen Moment der Ruhe genießen.

- Hattorfer Teiche, An den Hattorfer Teichen 3, 38444 Wolfsburg
- ÖPNV: Bus 202, 221, Haltestelle Bonhoefferstraße (ca. 15 Minuten Fußweg)

Museumsbesuch als Alibi

26 Shop & Café Kunstpause in der Porschestraße

Wie schön es ist, sich in Gedanken zu verlieren und dabei die Zeit zu vergessen. Wie entspannend es ist, begeistert in Büchern zu versinken und schöne Bilder anzuschauen. Welch ein Hochgefühl es ist, ein schnuckeliges Lädchen zu betreten, nur zum Stöbern natürlich, nicht zum Kaufen. Doch bestimmt ist all das schon viel zu lange her! Also ist es mal wieder Zeit für eine kleine Flucht aus dem Alltag. Besonders gut kann diese im Shop & Café Kunstpause zelebriert werden. Der Museumsladen des renommierten Wolfsburger Kunstmuseums bietet allerlei Nützliches und Schönes an. Jedes einzige Stück hat hier seine absolute Daseinsberechtigung. So entsteht ein besonderer Glücksort, der auf ungewohnte Art und Weise ein wohlig-warmes, heimeliges Gefühl in dem modern-futuristischen Museumsbau schafft.

TIPP

In den kuscheligen roten Ohrensesseln mal wieder ganz entspannt mit der besten Freundin plaudern!

Glücklich treibt man durch diese zauberhafte Welt, ohne Plan und ohne Ziel. Findet endlich die lang gesuchte farbliche Aufwertung der noch kahlen Wand der eigenen schicken Altbauwohnung. Oder einen Ausstellungskatalog über die seit Jahren angehimmelte Lieblingskünstlerin. Man schmökert in spannenden Romanen und verliert sich in inspirierenden Bildbänden. Lacht über die Eieruhr mit süßen Plüschohren und schaut neugierig in das glitzernde und spiegelnde Prisma. So viele Entdeckungen machen irgendwann hungrig und durstig. Das erkannte auch das Museum und ergänzte den Shop mit dem Café Kunstpause. Ein schöner und lichtdurchfluteter Ort lädt nun auch an dunklen Tagen zu einer Tasse Kaffee und einem Stück Kuchen ein. Und weil das Leben so schön ist, wird auch noch mit einem Glas Prosecco darauf angestoßen! Am Ende des Tages, wenn das Haus schließt, haben einige hier ganz vergessen, noch ins Museum zu gehen. Vielleicht kommen sie dafür noch einmal hierher – und entscheiden sich dann spontan auch wieder für einen Besuch im Shop & Café Kunstpause. Denn schließlich ist die wahre Kunst im Leben die richtige Pause – zur richtigen Zeit, am richtigen Ort.

- Shop & Café Kunstpause, Hollerplatz 1, 38440 Wolfsburg, Tel. (0 53 61) 86 10 28 www.kunstmuseum.de/restaurant-cafe/
- ÖPNV: Diverse Busse, Haltestelle Kunstmuseum

YOGA CATS
YOGA CATS
ZEN
ZEN

Unser aller See

27 Urlaubsfreuden am Allersee

„Ihr wisst gar nicht, wie verwöhnt ihr hier in Wolfsburg seid!“, ruft Jana, Pendlerin aus Berlin, und grinst. Sie verbringt erstmals das Wochenende in Wolfsburg. „Von so einem tollen Badesee mit feinsandigem Strand können wir bei uns nur träumen. Und dann ist der Eintritt auch noch kostenfrei!“ Sie schüttelt fassungslos den Kopf und lässt ihren Blick über das Wasser schweifen. Segelboote gleiten vorbei und Kinder erkunden auf Luftmatratzen das Sommerparadies. Eine Badeinsel wird für Sonnenanbetende zum Sehnsuchtsort. Etwas weiter entfernt ziehen Ruderboote majestätisch ihre Bahnen. Inlinerfahrer und Joggerinnen drehen ihre Runden auf dem perfekt asphaltierten Weg um den See. Auf den liebevoll gestalteten Spielplätzen lassen Familien ihren Kindern freien Lauf. Ein lachendes Mädchen läuft mit einem Eis vorbei. „Darauf habe ich jetzt auch Lust!“, ruft Jana. Am Kolumbianischen Pavillon wird sie fündig. In diesem wurden auf der Expo 2000 in Hannover noch Goldschätze aus Südamerika ausgestellt. Nach der Weltausstellung wurde er am Allersee als Restaurant mit einer großzügigen und einladenden Terrasse wieder aufgebaut. Heute beherbergt er zudem einen viel spannenderen Schatz als Gold – Eis! Jana entscheidet sich für zwei Kugeln Schokolade und Stracciatella. Zufrieden lächelnd setzt sie sich an die knapp einen Kilometer lange geschwungene Strandpromenade und verbuddelt kichernd ihre Füße im weißen Sand. Hinter ihr jubelt eine Beachvolleyballmannschaft über das gewonnene Spiel. Daneben genießen Freunde ihre gemeinsame Zeit bei einem ausgedehnten Picknick. Auch die Tierwelt ist glücklich: Eine Entenfamilie erkundet den Strand, kleine, flauschige und quakende Küken im Schlepptau. Die Sonne scheint und einzelne weiße Quellwolken ziehen über den malerischen blauen Himmel. Das sanfte Rauschen der Pappeln am Ufer liefert den perfekten Soundtrack für einen nicht enden wollenden Urlaubstag. „Ich glaube“, seufzt Jana, „ich bleibe für immer hier!“

- Allersee, Allerpark 12, 38448 Wolfsburg, Tel. (0 53 61) 89 99 30
www.allerpark-wolfsburg.de
- ÖPNV: Bus 160, 201, 202, 221, 222, 380, Haltestelle Allerpark; Bus 213, Haltestelle Badeland (ca. 10 Minuten Fußweg)

Einkaufen auf dem Feld

28 Hansmanns Bioladen in Klein Twülpstedt

Was kommt dabei heraus, wenn man einen Bauernhof, einen Bioladen und ein Unverpackt-Geschäft miteinander mischt und das Ganze mit einem Café würzt? Um das herauszufinden, sollte man einmal in Hansmanns Bioladen in Klein Twülpstedt vorbeischauen. Dieser Glücksort ist auch für echte Wolfsburg-Kenner eine kleine Überraschung. In einem historischen Wirtschaftsgebäude des Bauernhofs in Familienbesitz ist er untergebracht. Alte Stahlträger, schick herausgeputzt, erzählen Geschichten von früheren Zeiten. Viele Produkte, direkt geerntet vom Feld hinter dem Haus, werden hier in einer wunderbar ländlichen Atmosphäre angeboten. Was nicht vom eigenen Hof kommt, wird großenteils regional bezogen. Viele Waren werden dann von den Hansmanns in Handarbeit weiterverarbeitet. So entstehen lokal produzierte Produkte, die so schön einfach und sympathisch aussehen, als ob sie von den eigenen Großeltern gemacht worden wären. Kein Schnickschnack stört auf der Verpackung und es ist sofort klar, hier hat man ein richtig gutes Produkt in der Hand. Star im Laden ist für viele aber die Unverpackt-Station, wo man sich Müsli und andere Getreideprodukte plastikfrei in Pfandbehältnisse aus Glas abfüllen kann. Neuerdings machen allerdings die kuschelig-flauschigen Schäfchen auf der hofeigenen Weide Konkurrenz – denn wer streichelt nicht gerne süße Tierchen und wird dafür mit einem dankbaren Blick aus großen, glücklichen Mandelaugen belohnt?

TIPP

Einige Produkte kommen von „Der Hof e. V.“, einem inklusiven Projekt in Isenbüttel.

Wer jetzt noch länger an diesem wunderbaren Ort bleiben möchte, kann in das zugehörige Hofcafé einkehren. Das sollte ursprünglich eigentlich nur ein Aufenthaltsort für die Kinder der Hansmanns werden. Doch schon bald erzählte man sich im kleinen Dorf, dass dort ein Café für alle eröffnen werde. Also wurde der treuen Stammkundschaft auch dieser Wunsch erfüllt. Denn schließlich dürfen sich hier alle als ein Teil dieser großen und sympathischen Familie fühlen.

- Hansmanns Bioladen, Rotdornstraße 44, 38464 Groß Twülpstedt, Tel. (0 53 64) 9 78 70 07, www.hansmann.bio
- ÖPNV: Bus 380, 382, Haltestelle Klein Twülpstedt, Friedhof

Angebot
Hoccaido
Eigene Ernte Stück 1,49€

Gipfelerlebnis für alle

29

Der Hattorfer Kirchberg im Wolfsburger Süden

Auch wenn es genau genommen nur ein Hügel ist, für norddeutsche Flachlandtiroler ist es ein richtiger Berg, erst recht, wenn die Anreise mit dem Fahrrad erfolgt. Die Rede ist vom Hattorfer Kirchberg. Stolz und erhaben thront hier die St.-Nicolai-Kirche als Namensgeberin der Erhebung über dem historischen Ortsteil Hattorf. Schon am Eingang der mit Findlingen gebauten, spätgotischen Bruchsteinkirche weisen Engel den Weg. Im gemütlichen und heimeligen Innenraum ranken sich an der Decke bunt gemalte Pflanzen über der golden verzierten Orgel. Im Jahr 1929 in heutiger Pracht vom Kirchenmaler Droste geschaffen, symbolisieren sie bis heute das Paradies. Ein wahrhaft wunderschöner Ort.

Mit dem heiligen Nikolaus als Schutzheiligen wacht St. Nicolai hier seit mindestens 1277 über den Ort und die hier vorbeiführende alte Heer- und Handelsstraße, denn der heilige Nikolaus gilt als Beschützer der Kaufleute. Auch ist er der Schutzheilige der Fischer, die im nahen Fluss Schunter fischreiche Gründe vorfinden. Die südliche Seite des Kirchbergs ist schroff wie eine Klippe und ermöglicht durch den dichten Bewuchs an knorrigen und erhabenen Bäumen einen Blick in das Schuntertal. Hier liegt auch, unmittelbar am Fuß des Berges, die Gärtnerei Dieterichs. Wer die Gewächshäuser betritt, dem öffnet sich ein wunderbar duftendes Meer an Blumen und Kräutern. Sogar Weinreben ranken sich windgeschützt am Berg und sorgen, bei einigen Einheimischen privat gekeltert, für edle und seltene Tropfen.

TIPP

Den Berg mit dem Fahrrad erarbeiten und stilvoll unter alten Bäumen auf dem Kirchberg picknicken.

Lebendiger Mittelpunkt ist das Gemeindehaus auf dem Berg, wo oft reger Betrieb ist. Zusammen mit dem ehemaligen Pfarrhaus rahmt es ein Kirchenforum mit Boule-Bahn unter offenem Himmel ein. Besondere Highlights eines Jahres auf dem Berg sind das Kirchbergfest und der Hattorfer Weihnachtsmarkt, welcher an jedem ersten Advent veranstaltet wird.

- Hattorfer Kirchberg, Evangelisch-Lutherische Kirchengemeinde Hattorf, Lindenberg 6, 38444 Wolfsburg, Tel. (0 53 08) 22 45, www.hattorf.wir-e.de/aktuell
- ÖPNV: Bus 218, 227, Haltestelle Kahlenberg

Das Glück ist bunt

30 In den gläsernen Türmen der Autostadt

Wer im Glashaus sitzt, sollte sich anschnallen. Denn schon geht es geschwind in einer Pirouette in einem der gläsernen Türme aufwärts, dass einem die Glücksgefühle nur so durch den Körper strömen. Bunte Farben fliegen vorbei, rote, grüne, gelbe, pinke. Es sind 800 Neuwagen, die hier im stählernen, feuerverzinkten Hochregallager in der Autostadt auf ihre neuen Besitzer warten. Dabei sind sie im Laufe der Jahre zu einem guten Gradmesser geworden, welche Farben aktuell gefragt sind. Waren hier in den Anfangsjahren der Autostadt noch eher die klassischen Primärfarben vertreten, hielten auf einmal edel wirkende Nuancen wie Weiß, Silber und Gold Einzug in die wohl formschönsten Wolfsburger Wolkenkratzer. Diese sind übrigens den Kolben im Motor eines Autos nachempfunden. In der Zwischenzeit ist das Seherlebnis vielfältiger geworden. Die Kundschaft darf mitgestalten und so werden auch individuelle Töne im Farblabor angemischt. Lieblingsnagellack als Autofarbe? Kein Problem! Auch Elektroautos mischen sich zunehmend in diese Szenerie. Frisch aus dem Werk geht es über ein 1,3 Kilometer langes, vollautomatisches unterirdisches Schienensystem direkt in die Türme – schon seit über zwanzig Jahren. In Wolfsburg kommen die Autos mit der U-Bahn. Wer hätte das gedacht. Die Fahrzeuge fahren nun mit dem „schnellsten automatischen Parksystem der Welt" (Guinness World Record) zuerst in den Turm und dann in das Auslieferungszentrum, wo die Besucher der Autostadt schon sehnsüchtig auf ihre neuen Gefährte warten.

Warten muss man im gläsernen Fahrstuhl nicht, viel zu schnell wird die rundum verglaste Aussichtsplattform auf 48 Metern Höhe erreicht. Doch ein wunderbarer Weitblick über Wolfsburg und die Autostadt bis zum stolzen Klieversberg lockt. Auch das Schloss und den Allerpark gilt es zu erspähen. An klaren Tagen erhebt sich sogar der stolze Brocken am Horizont. Anschließend geht es wieder durch einen Farbenwirbel auf den Boden der Tatsachen zurück.

TIPP

Erlebbar mit gesondertem Ticket zusätzlich zur gültigen Tages- oder Jahreskarte für die Autostadt.

- Turmfahrt in der Autostadt, Stadtbrücke, 38440 Wolfsburg, Tel. (08 00) 2 88 67 82 38, www.autostadt.de/erkunden
- ÖPNV: Diverse Busse, Haltestelle Wolfsburg ZOB (ca. 10 Minuten Fußweg)

Pause, jetzt!

31 Der Japangarten im Kunstmuseum am Hollerplatz

Wie schnelle Purzelbäume einer Rassel hören sich die eigenen Schritte auf dem Kiesbett an. Dann ist es still. Sehr still. Nicht einmal die saftgrünen Bambusstauden machen einen Mucks. Es ist zuerst ungewohnt, im Nichts zu stehen. Das Nichts zu spüren. Nichts zu sein. Doch dann öffnet sich der eigene Körper, lässt sich auf diese wunderbare Oase der Stille ein und entspannt sich. Die Atmung wird langsam und frei. Schon nach kurzer Zeit findet sich die eigene innere Mitte. Was für ein unbeschreibliches Gefühl!

Doch nach nur wenigen Minuten fühlt sich dieser Zustand wieder merkwürdig an. In unserer hektischen Zeit sind wir es nicht gewohnt, einfach still zu sitzen. Suchend schauen die Augen umher. Bleiben am wacholderüberwucherten Felsen kleben, erfassen die leicht unterschiedlichen Farbnuancen im Meer der Kieselsteine und entdecken links in der Ecke einen zum Miniaturformat geschrumpften Ahornbaum. Warum steht er hier? Doch auch goldene Stangen und die beige verputzten Mauern versprechen nur kurzzeitig Abwechslung. Schon ist man wieder bereit für den zweiten Teil der Kunstausstellung. Damit erfüllt der Japangarten genau den Zweck, für den er geschaffen wurde: Eine Pause zu bieten in der spannenden, aber auch überfordernden Flut der Sinneseindrücke beim Bad in der modernen Kunst. Nach überraschend kurzer Zeit sind Offenheit und Motivation für die Fortsetzung des Rundgangs zurück. So wird es möglich, sich je nach aktueller Ausstellung wieder an Bronzestatuen von Alberto Giacometti, Lichtkunst von James Turrell oder Drucken von Andy Warhol zu erfreuen.

Geschaffen wurde der nach der Lehre des Zen angelegte Garten 2007 im Rahmen der Ausstellung „Japan und der Westen: Die erfüllte Leere". Er ist als „Tsuboniwa", also als ein „Betrachtungsgarten" konzipiert. Als Vorbild des Wolfsburger Kleinods fungierte der „Hojo-Teien", ein „Steingarten" des aus dem 15. Jahrhundert stammenden buddhistischen Ryōan-ji-Tempels in Kyōto.

TIPP

Bei „Art4All" ist jeden letzten Mittwoch im Monat von 16 bis 21 Uhr der Eintritt ins Museum frei.

● Kunstmuseum Wolfsburg, Hollerplatz 1, 38440 Wolfsburg, Tel. (0 53 61) 2 66 90
www.kunstmuseum-wolfsburg.de
● ÖPNV: Diverse Busse, Haltestelle Kunstmuseum

Wolfsburger Wunderwasser

32

Der Strömungskanal des Badelands im Allerpark

Wie der Amazonas schlängelt sich der Strömungskanal des Badelands durch den Allerpark. Zuerst fließt er zum in Sichtweite befindlichen „Ozean" Allersee, nur um dann mit einer Rechtskurve doch erst einmal in eine Lagune zu münden. Hier rauschen Wasserfälle aus überdimensionalen Strohhalmen und entspannen die vom Schwimmen verausgabte Rückenmuskulatur. Im Sommer scheint die Sonne herab, im Winter steigt der warme Dampf des Wassers auf. Heiße Quellen sprudeln dann aus dem magischen Meer, ganz wie in der Blauen Lagune auf Island. Eine Freude für jedes Alter. Hier könnte man gefühlt ewig bleiben, gäbe es nicht noch so viel mehr zu entdecken! Also lässt man sich weitertreiben, vorbei an großen Sanddünen. Wasserrutschen bohren sich wie riesige Würmer in den Boden und warten darauf, mit und ohne Rutschreifen bezwungen zu werden. Durch einen Farnwald aus Gummi geht es zurück in den Innenbereich des Badelands, wo eine weitere Lagune zur Entspannung einlädt. Sanft steigen Luftbläschen von den Liegeflächen auf und Palmen säumen den Beckenrand. Hier könnte man entweder eine zweite Runde im Strömungskanal beginnen oder weitere Becken entdecken – mehrere Whirlpools, zwei Wasserlandschaften für Kinder und ein Wellenbecken. Für Sportenthusiasten stehen zudem ein 50-Meter-Olympiabecken und ein Sprungturm bereit.

TIPP

Mit der Badeland-Bonuskarte gibt es bis zu zwanzig Prozent Rabatt auf den Eintrittspreis.

Ein Gong kündigt den nächsten Wellengang an. Also schnell in die brausenden Fluten stürzen. Der Seegang ist täuschend echt. Was für ein Spaß! Während die hohen Wellen im tiefen Wasser Erlebnisse für die großen Abenteuerlustigen bieten, ist der flache und sanfte Einstieg auch für die Kleinsten geeignet. Glückliches Gekicher ist garantiert. Ein besonderes Highlight: Bodysurfing geht hier so gut wie sonst selten in einem menschengemachten Bad. Einfach mal in die Fluten stürzen, den ganzen Körper platt wie eine Flunder machen und mit etwas Geschick von der Welle bis ins flache Ufer tragen lassen. Ein tolles Erfolgserlebnis.

- Badeland Wolfsburg, Allerpark 4, 38448 Wolfsburg, Tel. (0 53 61) 8 90 00 www.badeland-wolfsburg.de
- ÖPNV: Bus 160, 201, 202, 221, 222, 380, Haltestelle Allerpark; Bus 213, Haltestelle Badeland

Fantasievolle Gartenpracht

33 Der Barockgarten von Schloss Wolfsburg

Akkurat ist der weiße Kies geharkt. Unterbrochen wird er von fein säuberlich gestutzten Buchsbaumlinien, die Ornamente auf die steinerne Leinwand zaubern. Hier und da tupfen Blumen sanfte Farben in das Bild. Stolz wacht das historische Teehaus mit seinen Torbögen, Säulen und dem hochgezogenen Dach über die Szenerie. Wäre man ein Vogel, es erschlösse sich ein wunderbares Bild vollkommener Symmetrie. Doch der Mensch wandelt auf zwei Beinen und seine Flügel sind die Fantasie. So wandelt er andächtig durch den Barockgarten, während vor dem inneren Auge eine Kutsche mit weißen Pferden am gusseisernen Parktor vorfährt. Der mit edlen Stoffen bekleidete Schlossherr ist der in ein elegantes Kleid gehüllten Dame des Hauses zuvorkommend beim Ausstieg behilflich. Eingehakt lustwandeln sie durch den Garten, vor Sonne und Regen durch einen ausladenden Stoffschirm geschützt. Sie verweilen auf einer der vielen Bänke im Park. Entdecken das Heckenlabyrinth mit steinernem Pokal in seiner Mitte. Genießen zweisame Stunden bei einer Zeremonie im Teehaus. Auch heute noch lädt der barocke Park zum Pausemachen, Verweilen und Spazierengehen ein. Seine klare Formsprache entspannt und befreit den Geist. Auch ist er meist weniger frequentiert als der nahe gelegene große Schlosspark. Außer ein Brautpaar nutzt die einmalige Kulisse für unvergessliche Hochzeitsfotos.

Hier lohnt sich ein Besuch zu jeder Jahreszeit. Im Sommer bildet das Grün der Bäume einen schönen Kontrast zum weißen Kies. Im Herbst bedeckt buntes Laub Wege und Beete mit einem angenehm raschelnden Teppich. Im Winter werden die Skulpturen am Wegesrand durch den Schnee wie von Puderzucker fein bedeckt. Und im Frühjahr ist es wohltuend, die ersten warmen Sonnenstrahlen in dem noch lichten Park zu genießen, und den Blumen beim Austreiben zuzuschauen. Wer alle vier Jahreszeiten vom selben Standpunkt aus auf einem Foto festhält, erhält eine schöne Collage, die beweist, dass jeder Tag im Barockgarten eine besondere und einzigartige Magie entfaltet.

- Barockgarten von Schloss Wolfsburg, Schloßstraße 8, 38448 Wolfsburg
- ÖPNV: Bus 160, 201, 202, 213, 300, Haltestelle Schloss (ca. 10 Minuten Fußweg)

Besondere Beziehungen

34 Das Automobilmuseum ZeitHaus in der Autostadt

Es gibt verschiedene Arten von Hochzeiten. Einmal die von zwei Menschen, aber auch die im Automobilbau, wenn fahrbarer Untersatz und Außenhaut zusammenkommen. Wenn die Liebe ewig hält, was man sowohl den Menschen als auch den Autos wünscht, dann kann im Laufe der Jahre eine ganz besondere Verbindung entstehen. Vielleicht sind Oldtimer auch deshalb bei menschlichen Hochzeiten als wichtiger Begleiter so beliebt. Als ein wahrgewordener Beweis, dass eine Verbindung zwischen zwei Elementen ewig halten kann. Das gibt uns Zuversicht. Für dieses Gefühl hat man in der Autostadt extra ein Museum gebaut, das ZeitHaus. Eine Zeitreisemaschine aus Glas und Stahl, die uns von den Anfängen des Automobils bis in die Gegenwart und Zukunft mitnimmt. Hier geht man noch einen Schritt weiter und zeigt mit der Ausstellung „Beziehungs-Kisten“ Verbindungen zwischen zwei (oder auch drei) Automodellen auf. Ein Ausstellungsbereich beschäftigt sich mit „aufgeladenen Beziehungen“. In der Sektion der „Design Ikonen“ geht man auf Tuchfühlung mit den Stars der Automobilgeschichte. Mit den Marylin Monroes und Frank Sinatras auf vier Rädern. So wie dem extrem seltenen Bugatti Atlantic, den es außerhalb des ZeitHauses nur noch ein weiteres Mal auf diesem Planeten gibt.

TIPP

Das Vorbild des ZeitHauses, die Stiftung Auto-Museum, findet sich stilecht in der Dieselstraße 35.

Wer hat im Teenageralter nicht seine leider unerreichbaren, menschlichen Idole angeschmachtet? Doch auch im persönlichen Umfeld hatte man nur Augen für den eigenen Schwarm. Manchmal hatte dieser dann leider kein Interesse, eine Beziehung blieb Utopie. Auch damit beschäftigt sich im ZeitHaus ein eigener Bereich, der Fahrzeuge zeigt, die nie in Serie gingen. Insgesamt 250 Meilensteine der Automobilgeschichte von über 60 Marken, übrigens längst nicht alle aus dem Volkswagen-Konzern, kommen so in dem setzkastenförmigen Gebäude zusammen. Beste Voraussetzungen also für den Beginn einer Verehrung, eines heißen Flirts oder einer ewig währenden Liebe zwischen Fahrzeug und Publikum.

- Automobilmuseum ZeitHaus, Stadtbrücke, 38440 Wolfsburg, Tel. (08 00) 2 88 67 82 38, www.autostadt.de/erkunden
- ÖPNV: Diverse Busse, Haltestelle Wolfsburg ZOB (ca. 10 Minuten Fußweg)

AUTOSTADT
1960
1956

Harmonie für alle

35 Der Tierpark Essehof in Lehre

Viele große Städte haben kleine Zoos mit viel zu engen Gehegen. Der kleine Ort Essehof hingegen hat einen großen Zoo mit weitläufigen Gehegen. Der ist fast so groß wie die Siedlung selbst. Das führt dazu, dass der Park nicht nur ein Glücksort für kleine und große Menschen, sondern auch für die Tiere ist. So tollen zufriedene Strauße, Zebras und Esel über die großen, üppigen Weiden. Friedlich beobachtet ein Kamel die Szenerie, während sich ein anderes in der Zwischenzeit mit einem Pony angefreundet hat. Zusammen trotten sie friedlich zur Futterstelle. Ziegen blöken aufgeregt, als neugierige Kinder mit den Händen voller Futter durch das Gatter kommen. Stürmisch fällt die Begrüßung aus und so mancher kleine Abenteurer hält lieber respektvoll Abstand von den großen und stolzen Tieren. Da sind die scheuen Rehe schon zugänglicher, die im Wald des Wildgeheges vorsichtig das Futter aus der Hand fressen und sich mit einem freundlichen Blick aus den großen braunen Mandelaugen bedanken.

Nach so vielen Eindrücken kommt eine Pause auf dem verwunschenen Spielplatz mit Rutschen, Röhren und Zwergenhütten gerade recht. Auch die Eltern atmen bei einem warmen Tee oder Kaffee in der parkeigenen Gastronomie tief durch. Danach geht es voller neuer Kraft und Entdeckungslust über hölzerne Brücken und große Gewässer. Im unterirdischen Schaukasten geht es auf Tuchfühlung mit heimischen Fischarten, die majestätisch an der großen Panoramascheibe vorbeiziehen. Ehe man sich versieht, ist der Tag schon um und die Tiere dürfen in Ruhe die Nacht verbringen, bevor die nächsten Gäste kommen. Auf dem Weg nach Hause lässt man den Tag Revue passieren und stellt fest, dass die Welt im Tierpark Essehof noch in Ordnung ist. Selbst wer mit normalen Zoos sonst nicht richtig warm wird, kommt gerne wieder. Mit einem Lächeln im Gesicht und viel frischer Luft im Gepäck wird der Entschluss gefasst, bald wieder in den Tierpark Essehof zurückzukehren.

- Tierpark Essehof, Am Tierpark 3, 38165 Lehre, Tel. (0 53 09) 88 62
www.tierpark-essehof.de
- ÖPNV: RE 50, Bahnhof Weddel, weiter mit Bus 427, oder Bus 230, Haltestelle Lehre Braunschweiger Straße, weiter mit Bus 387, Endhaltestelle jeweils Essehof Im Altdorf

Kulinarisch hoch zu Ross

36

Das Restaurant Schlossremise am Schloss

Zu jedem stolzen Schloss gehört ein guter Reitstall. Schließlich ist man erst dann richtig adelig, wenn man hoch zu Ross durch Gärten und Wälder galoppiert. Was für ein Genuss! Doch was wird aus so einem repräsentativen Ort, wenn Adel und Pferde ausgezogen sind? Wenn heute nebenan im VW-Werk Kutschen gebaut werden, die mit einigen Hundert Pferdestärken unterwegs sind? In Wolfsburg entschied man sich dafür, diesen Ort mit dem Restaurant Schlossremise auch für die Bevölkerung ohne blaues Blut zu öffnen. In einer verrückten modernen Welt voller Pferdestärken ohne Rösser sind heute an diesem Ort authentische und ehrliche Gaumenfreuden zu Hause. So entstand ein schicker, aber gleichzeitig legerer und wunderbarer Ort mit gläsernem Wintergarten und einem spektakulären Blick auf das Schloss Wolfsburg. Auch an den kältesten Wintertagen wärmt hier die Sonne von draußen wohlig den Rücken oder das Gesicht. Ist es bewölkt, fühlt sich der Besuch im lichtdurchfluteten Raum immer noch nach einem Ausflug nach draußen an, während man entspannt in die weichen Lederstühle einsinkt. Reitgeschirr und ein großes hölzernes Wagenrad hängen von der heimeligen Fachwerkwand, während unter dem gläsernen Boden ein spannender Blick auf die angeleuchteten historischen Mauerwerke frei wird. Hier isst das Auge sogar neben dem Teller definitiv mit.

TIPP

Saskias Mann Sven Elverfeld leitet ganz in der Nähe das preisgekrönte Drei-Sterne-Restaurant Aqua.

Im Sommer laden Stühle unter Sonnenschirmen vor dem Lokal zu wahrhaft erhabenen Stunden in dieser traumhaften historischen Kulisse ein. Auch die gehobene Küche weiß qualitativ zu überzeugen. Abwechslungsreiche und saisonale Karten mit erlesenen Speisen und Getränken lassen keine Wünsche offen. Die Gastronomen Saskia Oehmke und Mladen Durdic geben zusammen mit ihrem sympathischen Team zudem gerne und leidenschaftlich Auskunft über aktuelle Tagesgerichte. Als Stammgast darf man sich hier also schon beim allerersten Besuch fühlen.

- Restaurant Schlossremise, Schloßstraße 6, 38448 Wolfsburg, Tel. (0 53 61) 86 77 77 www.schlossremise.de
- ÖPNV: Bus 160, 201, 202, 213, 300, Haltestelle Schloss

OPEN

Das grüne Schmuckkästchen

37

Der Botanische Garten der TU Braunschweig

Der Botanische Garten der Technischen Universität Braunschweig ist klein, aber fein. Und so ist es auf den ersten Blick überraschend, im Nachhinein aber logisch, dass man dort viel länger verweilt, als es vorher geplant war. Was von außen unscheinbar wirkt, entpuppt sich innen als grüne, vielfältige und wunderbar harmonische Oase mitten in der Stadt. Besonders schön ist es hier im Frühjahr und Sommer, wenn alle Pflanzen und Bäume in den buntesten Farben erblühen. Symmetrische Gärten wechseln sich ab mit verwunschenen und naturnahen Rückzugsräumen. Ein Bachlauf mit Wasserfall wartet darauf, entdeckt zu werden. In den Gewächshäusern gilt es, tropische Regenwälder zu erkunden, mit Seerosenblättern von mehreren Metern Durchmesser. Kleine Kinder staunen sprachlos über Kakteen, die ihnen um die mehrfache Länge über den Kopf wachsen.

TIPP

Gutes tun und mit einer Baumpatenschaft die artgerechte Pflege seltener Gehölze unterstützen.

Circa 1,5 Prozent der weltweit vorkommenden Pflanzenarten finden sich hier auf kleinem Raum. Das klingt erst einmal wenig – doch die insgesamt 4.000 verschiedenen Sorten bilden das wohl vielfältigste Naturparadies der gesamten Region. Auch viele selten gewordene Arten finden ein geschütztes und bewahrendes Zuhause und machen den Botanischen Garten so zu einem wichtigen Ort für Forschung und Lehre der nahe gelegenen Technischen Universität. Doch nicht nur Biologinnen und Pflanzenwissenschaftler finden den Weg hierher, sondern auch angehende Stadtplaner in ihren Seminaren. Denn was hier Groß und Klein begeistert, entspannt und mit neuer Energie versorgt, täte auch den vielen Metropolen in unserem Land und anderswo sehr gut. Bei einigen erwachen hier auch vergessene Kindheitserinnerungen an die ersten eigenen Besuche. Schon damals wusste dieses Paradies als Highlight des Besuchs bei den Großeltern zu überzeugen. So ist es letztendlich völlig klar, dass der besondere Glücksort den Weg in dieses Buch gefunden hat. Der Garten ist eben nicht nur einer der nützlichsten, sondern auch einer der schönsten Gärten weit und breit.

- Botanischer Garten der TU Braunschweig, Humboldtstraße 1, 38106 Braunschweig, Tel. (05 31) 3 91 58 89 www.tu-braunschweig.de/ifp/garten
- ÖPNV: Straßenbahn 3, Haltestelle Braunschweig Botanischer Garten

Zauber aus Schnee und Eis

38 Die Winterwelt der Autostadt

Der wohl berühmteste Weihnachtsbaum der Welt erstrahlt alljährlich in den buntesten Farben vor dem Rockefeller Center in New York. Für Weihnachtsfans rund um den Erdball ist es ein großer Traum, einmal im Leben auf der Eislaufbahn vor ihm ein paar Runden zu drehen. Umso glücklicher kann man sich schätzen, wenn man in Wolfsburg plötzlich vor einem ähnlich aussehenden Baum steht. Wobei das nicht ganz stimmt, schließlich leuchten in der Autostadt noch einmal 70.000 Lichter mehr am Baum als in der kosmopolitischen Metropole. Auch die Höhe der beiden Bäume ist je nach Exemplar teilweise nur wenige Zentimeter unterschiedlich. So fand das Rennen um den höchsten Weihnachtsbaum der Welt oft zwischen New York und Wolfsburg statt. Bei der Schönheit der Eislauffläche allerdings hat man in der Autostadt die Kufe vorn. Eine wunderbare, nicht enden wollende Bahn schlängelt sich durch die mit Hunderttausenden Lichtern geschmückte Zauberwelt aus Schnee und Eis. Wärmende und heimelige Kaminfeuer laden zum Verweilen ein. Ein Wintermarkt bietet Gaumenfreuden und leuchtendes Sterneglück feil. Virtuose Tänzerinnen und Tänzer wirbeln in magischen Wintershows über das Eis. Eine absolute Traumwelt, fast schon unwirklich, käme sie nicht jedes Jahr an diesen Ort zurück. Behütet wird das Winterland vom stolzen historischen Heizkraftwerk, welches in einem warmen Rot als größter Adventskranz der Stadt nach und nach seine vier Schornsteine erstrahlen lässt.

TIPP

Abends sorgt ein DJ in der Skihütte für gemeinschaftliche Hochgefühle.

Glückliche und lachende Menschen bevölkern voller Freude die Winterwelt, die Wangen rot vom Eislaufen. Wer noch nie auf Kufen stand, kann sich diese hier einfach leihen und erlebt anschließend den magischen Moment der allerersten eigenen Meter auf dem Eis. Wohlige Freude strömt schon allein bei diesem Gedanken durch den Körper. Wer den sicheren Halt des eigenen Schuhwerks bevorzugt, erlebt beim Curling ein Hochgefühl auf dem zauberhaften Untergrund. Ein aromatischer Glühwein untermalt die wunderbare Winterwelt mit Nelken, Zimt und Sternanis.

- Winterwelt in der Autostadt, Stadtbrücke, 38440 Wolfsburg, Tel. (08 00) 2 88 67 82 38, www.autostadt.de
- ÖPNV: Diverse Busse, Haltestelle Wolfsburg ZOB (ca. 10 Minuten Fußweg)

Endlich Burgfrieden

39 Die Burg Neuhaus

Die Historie von Wolfsburg ist seit jeher eine Geschichte über den Weg zur Unabhängigkeit und Selbstbestimmung. So gehörte das Gebiet der Stadt in der langen und wechselvollen Geschichte schon zu Magdeburg, Braunschweig und auch Hannover. In der Zeit von 1370 bis 1372 ließ der Braunschweiger Herzog Magnus der Jüngere mit Unterstützung der Stadt Braunschweig die Burg Neuhaus als „Neues Haus" errichten. Diese Festung sollte eine Gegenburg zur Wolfsburg (heutiges Schloss Wolfsburg) und zur inzwischen nicht mehr existierenden Wehranlage „Altes Haus" im Stadtteil Vorsfelde sein. Die folgende Auseinandersetzung des Herzogs mit dem Wolfsburger Geschlecht derer von Bartensleben in der Nähe von Heßlingen endete unentschieden. Eine schöne Metapher für das heutige Verhältnis der Städte Wolfsburg und Braunschweig. Man begegnet sich auf Augenhöhe und schätzt gerade die bereichernden Unterschiede. Ohnehin setzte sich in jüngster Zeit in beiden Kommunen die Erkenntnis durch, dass in einer global vernetzten Welt das Miteinander viel mehr Vorteile bringt als ein Gegeneinander. So bleibt die Wasserburg Neuhaus eine stille Zeugin, dass der gemeinsame Weg zweier selbstbestimmter Städte der richtige ist.

TIPP

Persönlichen Frieden findet man am baumgesäumten Ufer des Hausteichs vor der Burg.

Die Wolfsburger Stadtgesellschaft ist dankbar für diesen lebendigen historischen Ort und bespielt die stolzen Mauern mit den verschiedensten Formaten. Sport- und Tanzvereine, ein Kindergarten, Künstler- und Kunsthandwerksateliers finden hier ein Zuhause. Im Rittersaal und im Turmzimmer finden stilvolle Veranstaltungen und herzerwärmende Familienfeste statt. Ein Kunsthandwerkermarkt im Herbst und das Burgfest im Sommer nutzen auch den schönen Innenhof ausgiebig. Das Burgtor wird heute nicht mehr verteidigt, denn auch die Freunde aus dem nahen Braunschweig sind inzwischen gern gesehene Gäste in der Stadt.

- Burg Neuhaus, Burgallee 2, 38446 Wolfsburg, Tel. (0 53 65) 94 39 44
www.burg-neuhaus.de
- ÖPNV: Bus 204, 223, Haltestelle Neuhaus Burg

Kulinarischer Schmelztiegel

40 Das Müllerhaus Café in Wendhausen

Der kleine Ort Wendhausen zwischen Braunschweig und Wolfsburg hat seit 2018 eine echte Überraschung zu bieten, für die es sich lohnt, auch einmal die bekannten urbanen Gefilde zu verlassen. In einem historischen Nebengebäude der stolzen, schneeweißen Wendhäuser Windmühle werden im Müllerhaus Café neben Kuchen, Torten und Kaffee auch türkischer Tee und Baklava gereicht. Dieses selbstverständliche und unaufgeregte Nebeneinander zweier kulinarischer Kulturkreise begeistert und macht die Lokalität damit so authentisch und sympathisch wie kaum eine andere in der Region. Spätestens bei einem Stück Pflaumenkuchen und einem Glas türkischem Apfeltee auf der sonnengefluteten Terrasse mit Blick auf die historische Mühle verliebt man sich in dieses schnuckelige und heimelige Café. Die Zeit bleibt stehen und die entspanntesten Stunden der Woche beginnen. Ein echter Wohlfühlort und Glücksfall für die Gegend.

Im Innenraum erzählt historisches Fachwerk den frisch herausgeputzten Backsteinwänden Geschichten aus einer Zeit, in der die Mühle noch das Korn von den umliegenden Feldern zu Mehl mahlte. Das viele helle Holz erzeugt dabei ein wohliges Gefühl von Gemütlichkeit. Süße kleine Details im Café und auf den Speisen setzen dem Ort und der Kirschtorte das Sahnehäubchen auf. Ein Frühstücksbuffet und eine leckere Auswahl an Speiseeis runden das Angebot ab. Auch für ein entspanntes Glas Wein oder ein frisch gezapftes Bier mit Freunden ist das Café ein wunderbarer Ort. Private Feiern sind hier ebenfalls mit bis zu sechzig Personen möglich. Wo würde man lieber den Bund für das Leben feiern wollen als an einem Ort, der das Glück gepachtet hat? So bleibt zu hoffen, dass sich die Mühlen des Glücks im Müllerhaus Café noch lange weiterdrehen.

TIPP

Bald sind hier auch wieder standesamtliche Trauungen möglich.

- Das Müllerhaus Café, Hauptstraße 5, 38165 Lehre-Wendhausen, Tel. (0 53 09) 9 70 53 83, www.muellerhaus-café-wendhausen.de
- ÖPNV: Bus 230, Haltestelle Wendhausen (ca. 10 Minuten Fußweg)

WOLTERS

Wohlige Wärme jeden Tag

41

Die Saunalandschaft des Badelands im Allerpark

Bio-Sauna, Kräutersauna, Aromabad, Whirlpool. Warmbecken innen, Warmbecken außen, Massage. Die Liste der Attraktionen ist lang im Saunabereich des Badelands. In insgesamt elf Saunen und einer Vielzahl von Bädern kann man hier viel entspannte Zeit verbringen, ohne dass es langweilig wird. Bei gutem Wetter lädt zudem ein blickgeschützter Garten zum Verweilen ein. Am besten verbringt man also gleich den ganzen Tag in dieser Realität gewordenen Pause-Taste des Alltags. Hier gibt es echten Kurzurlaub.

In der halbkreisförmigen Panoramasauna (auch von außen getestet und für blickdicht befunden!) kann man bei wohliger Wärme und einem schönen Blick auf den nahen Allersee wunderbar die Seele baumeln lassen. Draußen lädt die im traditionellen Holzhaus angebotene Banjasauna zu Entdeckungen ein. Es riecht nach Wald und Kräutern. In der warmen Hütte entspannt sich der gesamte Körper und die Atemwege werden frei. Die Zeit bleibt für 15 Minuten stehen und man möchte nirgendwo lieber sein. Im Verlauf des Tages wechseln die Aromaaufgüsse, sodass auch durchaus zwei oder drei Saunagänge möglich sind, ohne das Gefühl zu bekommen, schon einmal hier gewesen zu sein. Eine Fernreise ohne Flug, kompakt in einer Holzhütte. Das soll erst einmal jemand nachmachen.

TIPP

Es werden viele Specials angeboten, beispielsweise eine Mitternachts- und eine Frauensauna.

Versteckt hinter einem Hügel liegt ein weiteres Highlight des Wellnesstempels: die Kaminsauna. Eine wahrlich einprägsame Erfahrung, auch für die hartgesottensten Saunaprofis. Bei 85 Grad Celsius und einem lodernden Kaminfeuer darf sich hier als Champion fühlen, wer es zumindest fünf Minuten in der Schwitzehöhle aushält. Hier ist selbst für die größte Frostbeule im Winter Heilung garantiert. Beim anschließenden Sprung ins Tauchbecken badet man in Endorphinen und ist voller Energie. Danach können im Restaurant Alpa die Kraftreserven wieder aufgefüllt werden. Nun wartet die nächste Sauna darauf, erkundet zu werden. Wer ist dabei?

- Badeland Wolfsburg, Allerpark 4, 38448 Wolfsburg, Tel. (0 53 61) 8 90 00 www.badeland-wolfsburg.de
- ÖPNV: Bus 160, 201, 202, 221, 222, 380, Haltestelle Allerpark; Bus 213, Haltestelle Badeland

Alles Gold, was glänzt

42 Die Welt des Vfl Wolfsburg im Allerpark

Es ist frühmorgens in der Vfl-FußballWelt, dem multimedialen Mitmachmuseum des lokalen Fußballvereins. Die Männermannschaft hat eine Woche zuvor im ausverkauften Berliner Olympiastadion vor fast 75.000 Zuschauern in einem umkämpften Finale gegen Borussia Dortmund den DFB-Pokal gewonnen. Da steht die glänzende Trophäe nun im Original, über fünf Kilogramm Sterlingsilber, umhüllt von einem Viertelkilo Gold, zwölf Turmalinen und ebenso vielen Bergkristallen. Auf Tuchfühlung gehen ist hier ausdrücklich erlaubt, schließlich möchte der Verein seine Fan-Nähe unter Beweis stellen. Doch plötzlich sind Wachfrau und -mann weg, und man ist allein mit der begehrten Trophäe. Sollte man den Pokal jetzt einfach mitnehmen? Kameras sind auf jeden Fall nicht zu entdecken, das Objekt der Begierde lässt sich auch ohne Auslösen eines Alarms einfach hochheben … Lieber nicht. Und außerdem: Mit diesem auffälligen Gepäck ließe sich die Ausstellung nicht mehr entspannt erkunden.

Die Karriere als Fußballprofi startet heute in der FußballWelt andersherum, zuerst mit der Trophäe und anschließend mit dem Training an der Torwand. Am Mikrofon werden die eigenen Fähigkeiten im Kommentatorenteam unter Beweis gestellt. Schließlich kann man noch viele weitere Pokale des Vereins bewundern. Die kommen hier allerdings fast alle von der erfolgreichen Frauenmannschaft, die im benachbarten AOK-Stadion ihre Heimspiele austrägt. Als eine der besten Mannschaften der Welt holen sie seit 2013 jedes Jahr einige Titel, direkt im ersten Jahr sogar das Triple aus Champions League, Deutscher Meisterschaft und DFB-Pokal. Die Männer steuerten bisher nur einen Pokal und eine Meisterschaft bei. Fußball ist hier also Frauensache. Sogar bei der Männermannschaft, wo der Anteil der Frauen bei den Fans einer der höchsten in der Liga ist. Was vielleicht aber auch an Schönlingen wie Cristiano Ronaldo liegt, der hier mit dem großen Verein Real Madrid im Viertelfinale der Champions-League 0:2 verlor und anschließend weinend im Wolfsburger Gras lag. Den Frauen gefiel es.

TIPP

Bei einer Arenaführung kann hinter die Kulissen und in die Kabinen der Mannschaften geschaut werden.

● Vfl-FußballWelt, Allerpark 1, 38446 Wolfsburg, Tel. (0 53 61) 8 90 39 03
www.vfl-wolfsburg.de/fans/vfl-fussballwelt
● ÖPNV: Diverse Busse, Haltestelle Autostadt

IMMER_HUNGRIG.
BAYERN-FAN
KANN JEDER.
ARBEIT
USSBALL
LEIDENSCHAFT

Englische Gartenpracht

43 Der Schlosspark von Schloss Wolfsburg

Eine große grüne Oase liegt mitten in der Stadt. Umgeben von stolzen Bäumen und dem erhabenen Schloss Wolfsburg öffnet sich ein weitläufiger englischer Landschaftsgarten. Dieser wurde bereits im 17. Jahrhundert angelegt, als die ehemalige Wasserburg in einen repräsentativen Adelssitz umgebaut wurde. Ein entsprechender Garten durfte hierbei natürlich nicht fehlen. Malerisch gelegen im Aller-Urstromtal und gesäumt von uralten Laubbäumen ist ein Besuch des Parks bis heute ein wohltuender Genuss. Neugierige Fachwerkhäuser aus dem nahen Alt-Wolfsburg lugen durch das Dickicht, um auf der großen Wiese einen Blick auf Picknickdecken und Sonnenanbetende zu erhaschen. Kinder springen fröhlich umher und ein Liebespaar genießt zweisame Stunden.

TIPP

An der Schlossbrücke mit einem Liebesschloss das gemeinsame Glück besiegeln.

Im Herbst raschelt bei einem entspannten Spaziergang auf den geschwungenen Wegen durch den Park das Laub unter den Füßen. Im Frühjahr sprießen Krokusse aus allen Verstecken und verwandeln den Park in ein buntes Meer aus Blüten. Große Skulpturen, gefertigt im nahen Schloss, glitzern und funkeln in der Sonne um die Wette. Rentnerinnen lassen sich mit einem Lächeln im Gesicht auf einer der vielen sonnenbeschienenen rosa und weiß gestrichenen Parkbänke nieder, oder bewundern die bunte Pracht im Rosengarten. Was für ein lieblicher Blütenduft!
In den Park kamen die bunten Bänke und rankigen Rosen im Jahr 2004, als der Schlosspark zusammen mit dem nahe gelegenen Allerpark die Landesgartenschau beheimaten durfte. Ein großes Fest der Gartenkunst und ein Spektakel für Klein und Groß. Damals gab es sogar noch rosa Hüpfburgen, die als Farbtupfer in der Landschaft eine wahrhaft traumhafte Glückswelt erschufen. Heute ist der Park an warmen Tagen das belebte Wohnzimmer der Stadt und auch sonst ein naher Rückzugsort. Außer, wenn Veranstaltungen wie der „Frühlingszauber“ oder die „GartenRomantik“ die Stimmung der Landesgartenschau wieder aufleben lassen.

- Schlosspark von Schloss Wolfsburg, Schloßstraße 8, 38448 Wolfsburg
- ÖPNV: Bus 160, 201, 202, 213, 300, Haltestelle Schloss

The bar is not the limit

44 The View Skybar & Lounge im Innside Hotel

Unscheinbar öffnet sich die Tür des Hotelfahrstuhls: Hier soll es zur Sky Bar des Hotels Innside hochgehen. Vorfreude liegt in der Luft, als sich die Türen der Kabine schließen und die Aufwärtsbewegung die Passagiere sanft auf den Boden drückt. Doch oben angekommen, steht man erst einmal in einem typischen Hotelflur. Ein langer Gang mit gleich aussehenden Türen und Nummern daran. Nur die sehenswerten Schwarz-Weiß-Fotos aus den Anfangsjahren der Stadt lassen erahnen, wo man sich befindet. Wo bitte geht es zur Bar? Schließlich erweist sich eine noch unscheinbarere Glastür als Eingang zum gesuchten Ort. Drückt man diese nun kraftvoll auf und geht hindurch, steht man in einer in weiß gehaltenen Location. Panoramafenster ermöglichen bei Tag und bei Nacht einen tollen Blick auf den Hauptbahnhof, das historische Heizkraftwerk und die Autostadt. Schiffe ziehen auf dem Mittellandkanal vorbei. Wer nun auch noch der zugegeben wieder unscheinbaren Treppe, weiter nach oben folgt, findet eine wunderbare Dachterrasse mit loungigen Möbeln und chilliger Musik. Von hier ist der Blick auf die Stadt noch eine ganze Ecke beeindruckender. Auch das phaeno, die Designer Outlets und das Stadion des Vfl Wolfsburg liegen nun zu Füßen. Ein großer Vorteil des Versteckspiels: So gut wie immer findet sich hier oben noch ein Platz.

TIPP

In nur sechzig Minuten geht es vom nahen Wolfsburger Hauptbahnhof mit dem ICE ins Berliner Nachtleben.

Der erhabene Blick von oben auf die Stadt ist sehr entspannend. Es zählen nur die frische Luft, Sonne und ein unbegrenztes Gefühl von Freiheit. An einem wunderbar lauen Sommerabend gibt es kaum einen schöneren Ort, um ganz entschleunigt dabei zuzuschauen, wie die urbane Silhouette zuerst in ein intensives Orange eingetaucht wird, bevor in der nahen Autostadt die Lichter angehen. Auch die Beats der Strandinsel Cool Summer Island wehen manchmal herüber und kleine weiße Boote bevölkern wuselig das Hafenbecken. Eine Quelle der Inspiration für den nächsten luftig-leichten Sommerabend. Darauf lohnt es sich anzustoßen – mit einem fruchtigen Cocktail von der Bar.

- Brunnen- und Quellenwanderung, The View Skybar & Lounge, Innside Hotel, Heinrich-Nordhoff-Straße 2, 38440 Wolfsburg, Tel. (0 53 61) 6 09 00 www.theview-wolfsburg.de
- ÖPNV: Diverse Busse, Haltestelle Wolfsburg ZOB oder Hauptbahnhof

Über den Wolken

45 Der Klieversberg

Wer sich in Wolfsburg nach den persönlichen Lieblingsorten der Menschen umhört, wird oft eine Antwort bekommen: der Klieversberg! Alle kommen sie hierher: Familien zum Picknicken, Frauchen und Hund zum Auslaufen, Pärchen zum Turteln und Freunde für eine entspannte gemeinsame Zeit. Sie alle werden vom wunderbaren Blick auf die Stadt und der Weite der Landschaft magisch angezogen. Selbst die rastlosen Mountainbiker verweilen auf dem Gipfel bei einer Pause von den aufregenden und steilen Trails rund um den Berg. Eine große Bühne liegt über der Stadt und alle dürfen eine eigene Rolle spielen. Ein angenehm städtisches, aber sehr entspanntes Gefühl entsteht so hier oben. Es ist immer etwas los, aber die eigene Komfortzone wird respektiert. Was für ein Luxus, diese Weiten in der Stadt zu haben! Auch das Tiergehege hat an diesem Ort sein Zuhause gefunden und süße Tiere warten auf einen Besuch.

Quirlig geht es oben am großen Denkmal zu, wo Bänke zum Ausruhen einladen. Gut gelaunte junge Menschen treffen auf entspannte Paare und zufriedene Rentnerinnen. Da ist es erlaubt, die Musik aus der Lautsprecherbox etwas lauter aufzudrehen. Eine spontane Party – und alle sind eingeladen. Ruhiger ist die benachbarte große Wiese. Hier ist der Blick vollkommen frei und man kann auf Tuchfühlung mit der Stadt gehen. Auf dem immer frisch gemähten Sportfeld finden die aussichtsreichsten Fußballspiele der Stadt statt. Im benachbarten Künstlerhaus Porschehütte können die wunderbaren Eindrücke des Tages anschließend auf die Leinwand gezaubert werden.

Im Winter verwandelt sich der Klieversberg in ein traumhaftes Schlittenparadies aus Schnee und Eis. Silvester steigt hier die größte Open-Air-Party der Stadt. Im April verwandeln sich die Wälder am Berg in einen wunderbaren weiß blühenden Teppich aus Bärlauchpflanzen. Alles duftet – ein wahres Fest für die Sinne, dieser Berg!

TIPP

Die nach Süden ausgerichtete Streuobstwiese zaubert Sonne auf die Haut und ein Lächeln ins Gesicht.

- Klieversberg, Sauerbruchstraße 16, 38440 Wolfsburg
- ÖPNV: Bus 213, 222, Haltestelle Klinikum (ca. 10 Minuten Fußweg)

Die große Welle machen

46 Wasserski im Wakepark des Allerparks

Die erste Herausforderung wartet bereits bei der Auswahl des richtigen Materials. Sollte man zuerst die vertrauter aussehenden Wasserski probieren, oder doch lieber ein cooles Wakeboard? Die Wahl fällt schließlich auf erstere. In der leichten aufsteigenden Aufregung ist der Gedanke an mögliche Parallelitäten zum letzten Skiurlaub in den Alpen ein guter Rettungsanker. Beim Gang zum Einstiegspunkt fällt ein letzter Blick auf den schicken Beach mit Strandkörben. Sollte man die Chance nutzen, es heute doch entspannt angehen zu lassen? Doch Coachin Anja lässt weitere Gedankenspiele gar nicht zu und winkt energisch. Die Aufregung verstärkt sich zu einem elektrisierenden Kribbeln. Nach einer gefühlt viel zu kurzen Einweisung geht ein starker Ruck durch das Seil in der eigenen Hand, es spritzt und man liegt mitsamt Equipment im Wasser. Der Strand ist jetzt im wahrsten Sinne des Wortes noch naheliegender, aber wieder ist Anja zur Stelle. Ihre aufmunternden Worte wollen zwar noch nicht so richtig glaubwürdig klingen, aber beim zweiten Versuch geht es immerhin schon mehrere Hundert Meter an der Seilumlaufbahn bis zur ersten Kurve.

Der Ehrgeiz ist geweckt. Schließlich ist die erste Runde fast komplett geschafft, ein Gefühl des Triumphes steigt auf. Platsch! Ehe man sich versieht, liegt man schon wieder vor Anja im See. Die letzte steile Kurve war dann doch eine Nummer zu groß. „Siehst du", sagt sie lässig, „geht doch!" Grinsende Zustimmung und schon geht es wieder los. Tatsächlich geht es diesmal ganz herum und Runde für Runde wird das Gefühl vertrauter, bis man eins wird mit den Skiern unter den eigenen Füßen. Ein tolles Gefühl, beweist es doch, dass man Großes schaffen kann, wenn man es nur immer wieder versucht und dabei an sich glaubt. Nach einer halben Stunde ist der nächste Abgang vor Anja gewollt und Absicht, was anerkennendes Nicken von der Expertin auslöst. Jetzt schnell noch das Wakeboard ausprobieren, bevor die gebuchte Zeit um ist.

TIPP

Am Beach des Wakeparks werden im Sommer Strandpartys veranstaltet.

- Wakepark Wolfsburg, Berliner Ring 1, 38446 Wolfsburg, Tel. (0 53 61) 6 09 39 89 www.wake-park.de
- ÖPNV: Bus 160, 201, 202, 213, 300, Haltestelle Schloss

Lila Tagträume

47

Die Heidelandschaft Heiliger Hain bei Gifhorn

Die Umgebung von Wolfsburg ist landschaftlich vielfältig und reizvoll. Während im Süden der Elm und der Harz spannende Wanderungen zwischen Hügeln und Bergen, Laub- und Nadelwäldern ermöglichen, laden im Norden und Westen wunderbar blühende, bis zum Horizont reichende Heidelandschaften zu einem ausgedehnten Glücksspaziergang ein. Der Blick ist weit und die Gedanken sind frei, hier in den südlichen Ausläufern der norddeutschen Tiefebene. Sandige Pfade schlängeln sich durch purpurfarbene Riesenteppiche, geknüpft in einer Symbiose aus Mensch, Tier und Natur. Heidekraut und Wacholder bieten den Heidschnucken Nahrung und den Menschen meditativ-entspannende Glücksgefühle. Die lila Besenheide steht jedes Jahr von Anfang August bis Anfang September in voller Blüte. Besonders schön kommt die Farbe an lichtdurchfluteten Tagen am späten Nachmittag und frühen Abend zur Geltung. Doch auch außerhalb der Heideblüte lohnt sich ein Besuch, um Raum und Zeit bei einem Kurzurlaub vor der eigenen Haustür zu entfliehen. Kleine bunte Punkte aus Jacken und Mänteln ziehen hier dann wie Kamelkarawanen durch die sandig-hügelige Wüstenlandschaft. Wer in der Umgebung lebt, schätzt das nahe Paradies, und wer von weiter weg ist, wird diese regional prägende Kulturlandschaft nicht vergessen.

TIPP

Zu einem echten Heideerlebnis gehört auch ein Besuch im Hofcafé in Betzhorn.

Eines der größten Heidegebiete bei Wolfsburg ist der Heilige Hain. Auf dem heute unter Naturschutz stehenden Gebiet wurde bis 1913 noch mit Heidschnucken Heidewirtschaft betrieben. So entstand die heutige Landschaft aus lila Heidekraut und tiefgrünen Wacholderbüschen. Seit über hundert Jahren ist diese Glücksheide nun schon ein Naherholungsgebiet und inspirierte auch Schriftsteller und Maler. So verfasste beispielsweise der Natur- und Heimatdichter Hermann Löns nach einem Besuch im Heiligen Hain seine Erzählung „Der Quellbrink“. Eine große Ehre für den Heiligen Hein, denn Löns Lieblingslandschaft war die Heide.

- Heiliger Hain, Heiliger-Hain-Straße, 29399 Wahrenholz-Betzhorn, Tel. (0 53 71) 93 78 80, www.suedheide-gifhorn.de/poi/heiliger-hain
- ÖPNV: Bus 132, 135, 139, Haltestelle Betzhorn Ort (ca. 25 Minuten Fußweg)

Flüssiges Gold genießen

48 Das Alte Brauhaus zu Fallersleben

Knarzend öffnet sich die schwere Holztür und schon steht man mittendrin, im Leben. Glänzende Braukessel recken sich stolz an die Decke und überall wird gelacht, erzählt und geprostet. Kleine Runden und große Feste werden hier begangen und Geschäftspartner aus aller Welt trinken in dieser Bilderbuchkulisse mit Wolfsburger Kollegen ihr erstes deutsches Bier. Fast könnte man sich schon auf dem Oktoberfest wähnen, doch dieser Ort ist einfach noch so viel uriger, bodenständiger und sympathischer als die große Schwester in München. Das Fallersleber Brauhaus ist ein wahrer Schatz der Lebensfreude und ein echtes Aushängeschild des Stadtteils. Hinter den starken Steinmauern wird schon seit 1765 lokales Bier gebraut. Eine Handwerkskunst, die seit Jahren durch die vielen kleinen Craftbier-Brauereien im Land aus ihrem Dornröschenschlaf geweckt zu neuer Blüte kommt. Hier, unter dem hohen, viergeschossigen Mansardendach macht man allerdings schon seit 250 Jahren gute und regionale Produkte und ist damit wie eh und je gefragt. Der Klassiker ist unbestritten das „Fallersleber Schlossbräu" eines der kulinarischen Wahrzeichen der Stadt. Doch auch das „Bürgermeisterbräu", und das „Fallersleber Hefeweizen" wissen mit ihren individuellen Noten zu überzeugen. Mit dem „Rotbier" und dem „Brauhaus Lemon" werden auch die Süßen unter den Glücklichen zu echten Brauhaus-Fans. Vor ein paar Jahren schließlich ging ein großer Traum für viele Autoliebhaber in Erfüllung: Endlich wurde auch alkoholfreies Hefeweizen vor Ort gebraut.

Die bodenständigen Kreationen aus der Küche runden das zünftige Erlebnis kulinarisch ab. Eine Spezialität sind traumhafte Matjesvariationen. Besonders zu empfehlen sind zudem die Brauhaus-Klassiker „Scheiterhaufen" (Rostbratwürstchen mit Sauerkraut und Bratkartoffeln) sowie der wirklich legendäre Camembert im Bierteig mit Preiselbeeren.

TIPP

Im Sommer nach einem lauen Abend im Biergarten noch Süßes im Eiscafé San Marco genießen.

- Altes Brauhaus zu Fallersleben, Am Alten Brauhaus 9, 38442 Wolfsburg, Tel. (0 53 62) 31 40, www.brauhaus-fallersleben.de
- ÖPNV: Bus 180, 204, 211, 227, Haltestelle Altes Brauhaus

Brauhaus
1765

Kraftvolle Lebensader

49 Der Mittellandkanal im Herzen von Wolfsburg

Der Mittellandkanal ist Wasser- und Lebensader für alle. Auf knapp 20 Kilometern führt er durch die Stadt und ist für viele Menschen eine Quelle der Kraft und Erholung. Früher sicherte er als Transportweg für Kohle das deutsche Wirtschaftswunder und damit den Aufbau der Stadt. Heute laden Rad- und Fußwege auf beiden Seiten zu Erkundungen, zu Sport und zum Seele-baumeln-Lassen ein. Der Weg vom Hauptbahnhof bis zur Brücke am Allersee ist mit feinstem Asphalt gestaltet und ein innerstädtisches Paradies für Radfahrerinnen und Inlineskater. Attraktive Menschen aus den nahe gelegenen Wassersportvereinen gleiten auf ihren Ruderbooten majestätisch über das Wasser. Fischreiher nutzen den Kanal als Nahrungs- und Lebensquelle. Farbenfrohe Frachtschiffe fahren vorbei und schaffen ein unglaublich entspannendes maritimes Urlaubsgefühl. Manchmal fährt sogar ein Flusskreuzfahrtschiff mit glücklichen Urlaubsgästen auf Sonnenliegen vorbei. Es legt dann unter der eleganten Brücke zur Autostadt an, von der aus man einen wunderbaren Blick auf den Kanal genießen kann. Auch Einheimische und Tagestouristen können vom Bootsanleger der Autostadt zu einer Erkundungstour auf dieser einladenden und sympathischen Wasserstraße starten. Bei einer Schiffstour mit der „Weißen Flotte" lässt es sich in der Sonne wunderbar entspannen, während Stadt und Landschaft in angenehmer Geschwindigkeit vorbeiziehen. Das Cabrio-Schiff MS Hanseblick geht mehrmals täglich auf Entdeckungstour. Die Autostadt und der Hauptbahnhof ziehen vorbei und die stolzen Kräne im Fallersleber Hafen tauchen in der Ferne auf. Bis schließlich die Sülfelder Schleuse erreicht wird, von der es nicht mehr weit in das naturbelassene Vogelschutzgebiet Ilkerbruch ist. Man könnte hier also aussteigen oder weiter in die andere Richtung mitfahren – vorbei an saftgrünen Wiesen und Wäldern, dem Allersee und bunten Kanalbrücken bis ins historische Vorsfelde – und es sich mit einem kühlen Getränk und leichtem Wind im Gesicht richtig gut gehen lassen.

- Mittellandkanal, Stadtbrücke, 38440 Wolfsburg
- ÖPNV: Diverse Busse, Haltestelle Wolfsburg ZOB (ca. 7 Minuten Fußweg)

Torte und Aussicht

50 Das Café „Schau-ins-Land“ im Hellwinkel

Der beste Blick auf Wolfsburg kommt unerwartet, löst dafür aber umso größere Begeisterung aus. Das Café „Schau-ins-Land“ ist kaum bekannt und von Außenstehenden noch seltener besucht. Wohl auch deshalb, weil es als Senioren-Begegnungsstätte gut getarnt im 16. Stock des Diakonie-Hochhauses liegt. Die nur sporadisch ausgeschilderte Schnitzeljagd in das Café ist schnell vergessen, wenn nach einer nicht ganz leichten Entscheidung endlich ein leckeres Stück Schwarzwälder Kirschtorte bei traumhafter Weitsicht auf der Zunge zerschmilzt. Schillerteich, Rathaus und Innenstadt liegen wie auf einem Präsentierteller vor den staunenden Gästen. Langsam wird es dunkel und die Stadt erstrahlt in ihrem vollen Glanz. Bunt glitzern die Türme der Autostadt in der Ferne. Die kleinen Scheinwerfer der Autos strömen durch die in gelbes Licht getauchten Verkehrsadern der City. In der Adventszeit erstrahlt das historische Heizkraftwerk in warmen Rottönen und an Heimspieltagen des Vfl Wolfsburg quillt alles helle Licht dieser Welt aus dem federleicht anmutenden Stadiondach der Fußballarena. Live gespielte Jazzmusik untermalt den traumhaften Ausblick und verzaubert Jung und Alt. Beliebt sind auch das Tanzcafé mit Livemusik und die Bingo-Nachmittage. Hier spielt das Leben und die Gäste haben einen Ehrenplatz in der ersten Reihe.

TIPP

Die Aussicht bei Sonnenuntergang zuerst im Hellen und anschließend bei Nacht erleben.

Fantastisch ist auch die umlaufende Dachterrasse vor dem Café, von der die beeindruckenden Stadtansichten auf einem Foto festgehalten werden können. Dabei sollte man sich aber unbedingt an die Öffnungszeiten des Cafés halten, sonst begegnet man der resoluten Hausmeisterin mit ihrem bestimmt freundlichen, aber großen Hund. Schließlich ist der Blick exklusiv und damit auch zeitlich begrenzt. Regulär ist das Café von Mittwoch bis Sonntag jeweils von 14 bis 18 Uhr geöffnet, bei besonderen Veranstaltungen auch davon abweichend. So bleibt dieser Glücksort für alle etwas Besonderes.

- Café „Schau-ins-Land“, Erich-Bammel-Weg 2, 38446 Wolfsburg, Tel. (0 53 61) 5 01 10
- ÖPNV: Diverse Busse, Haltestelle Emmausheim oder Amselweg (ca. 10 Minuten Fußweg)

Café
„Schau-ins-Land"

Ein karibischer Traum

51

Der Tankumsee in Isenbüttel

Barfuß läuft man am langen und feinen Sandstrand entlang, das Wasser umspült seicht die Füße. Birken und Kiefern säumen wie Palmen dieses karibisch anmutende Paradies und spenden Schatten. Flach geht es hier in das türkisgrüne Wasser hinein, ein Sehnsuchtsort für Groß und Klein. Weiter draußen, wo das Wasser in einem tiefen Blau zu leuchten scheint, ziehen Windsurfer und Segler ihre Bahnen. In Ufernähe tupfen Tretboote bunte Farbklekse in diese Urlaubsszenerie. Bunte Heißluftballons steigen wie farbige Luftballons in den strahlend blauen Himmel nach oben und auf der Minigolfbahn messen sich Familien und Freunde miteinander. Beim seeeigenen Tauchclub geht man auf Erkundungstour und trifft Fische im lichtdurchfluteten Wasser. Was für ein Erlebnis!

TIPP

Der Tankumsee ist von Wolfsburg und Gifhorn auch wunderbar mit dem Fahrrad erreichbar.

Kleine Hütten laden anschließend zu einem kühlen Drink und einem Snack ein. Wer gleich einen ganzen Urlaub hier verbringen möchte, findet im Seehotel oder auf dem Campingplatz ein geeignetes Zuhause. Ein besonderes Highlight ist zudem die Übernachtung in den süßen schwedischen Ferienhütten, die rot und glücklich etwas abseits am grünen Ufer aus dem Schilf hervorlugen.

Der Tankumsee ist, das wird beim ersten Besuch schnell klar, das schönste Badegewässer in der ganzen Region. Das ist überraschend, wenn man die Entstehungsgeschichte berücksichtigt. Erst 1976 wurde der See eingeweiht, nachdem in den Jahren davor Sand für den Bau des nahen, auf einem Damm verlaufenden Elbe-Seitenkanals an dieser Stelle entnommen wurde. Das Wort Tankum ist übrigens der alte Flurname des Gebiets, auf dem der See heute liegt. Vermutet wird eine Herkunft aus der vorgermanischen Sprache, bei der das Wort „Tank/Tang“ so viel wie Algenmasse oder Moorwasser bedeutete. Ein naheliegender Schluss angesichts der sumpfigen Landschaft des Naturschutzgebiets Barnbruch, das den See umgibt. Was allerdings auf den heutigen See nicht mehr zutrifft – schließlich bestätigen regelmäßige Tests, dass die Wasserqualität die beste aller Badeseen weit und breit ist.

- Tankumsee, Dannenbütteler Weg 12, 38550 Isenbüttel, (0 53 74) 16 65 www.tankumsee.de
- ÖPNV: Bus 183, Haltestelle Isenbüttel Tankumsee Seehotel

Die Königinnen der Lüfte

52 Das Vogelschutzgebiet Ilkerbruch

Der Mensch träumt vom Fliegen. Wie schön wäre es, die Flügel auszubreiten und in den Himmel zu schweben, die Welt und ihre Eigenheiten einfach hinter sich zu lassen … Im Ilkerbruch kann man diesem Traum schon sehr nahekommen und auf spannende Tuchfühlung mit den Königinnen und Königen der Lüfte gehen. Das Feuchtgebiet ist als europäisches Vogelschutzgebiet, Fauna-Flora-Habitat-Gebiet und als Teil des Natura-2000-Verbunds ein Eldorado für Entdecker. Wer einen Ausflug hierher unternimmt, wird mit dem Anblick seltener Brut- und Rastvögel belohnt, die auf den großen Wasser- und Grünlandflächen eine wohlverdiente Pause machen. Öffnet man die hölzernen Luken der frei zugänglichen Beobachtungsstation, so erhält man Zutritt zu einem Paradies für schillernde Eisvögel, elegante Silberreiher und stolze Seeadler. Süße Löffelenten ziehen ihre Bahnen auf den großzügigen Seen und Graugänse tanken Kraft bei einem leckeren Mahl im Schilf. Die saftig grünen Wiesen und Wälder spiegeln sich auf den Wasseroberflächen, die je nach Wetter und Lichteinfall in tausenden Farben schimmern. Mit einem Fernglas in der Hand möchte man diese wundervolle und friedliche Welt den ganzen Tag lang betrachten. Immer neue Vogelarten gilt es zu entdecken. Bei der Zuordnung haben dank der anschaulichen Bestimmungstafeln auch Laien der Vogelkunde ein Erfolgserlebnis.

TIPP

Auch ein Besuch im nationalen Biosphärenreservat Drömling bei Vorsfelde ist lohnenswert.

Ein thematisch schön aufbereiteter Erlebnisrundweg mit verschiedenen Stationen und Beobachtungsplattformen führt rund um den Ilkerbruch und lädt zu Entdeckungen ein. Ein toller Blick eröffnet sich hier auch vom 12 Meter hohen Aussichtsturm. Auf den benachbarten Barnbruchswiesen weiden zudem friedliche Heckrinder und Konikponys, Störche thronen majestätisch auf ihren Nestern. Auch hier vereinen Infostationen und ein Weidentunnel auf ganz natürliche Weise den nahen Kurzurlaub mit wertvollen Aha-Erlebnissen.

● Vogelschutzschutzgebiet Ilkerbruch, Ilkerbruch 1, 38442 Wolfsburg

Retro in 3D

53 Das Kino Metropol Theater in Fallersleben

Wie schön doch Retro-Erlebnisse sind! Vergangene Moderne spüren, altehrwürdige Materialien fühlen, den leicht muffig-eleganten Geruch von Stoffen und Teppichen in der Nase kribbeln lassen und sich dabei so richtig schön wie auf einer Zeitreise fühlen. Zum Glück haben sich manche Orte den Charme vergangener Tage bewahrt und sind so ein wunderbarer Zufluchtsort, heraus aus der überall gleich aussehenden, heutigen Welt. Ein solcher Ort, an dem Austauschbarkeit Pause hat und markiger Charakter seinen großen Auftritt, ist das Kino Metropol Theater in Fallersleben. Seit den Anfängen im Jahr 1921 erlebte es ein turbulentes Jahrhundert. In den Anfängen, als noch Stummfilme vorherrschten, spielte noch ein Klavierspieler die musikalische Untermalung der Filme. Seit 1955 nun steht es an seinem heutigen Platz, mitten in einer von alten Kastanien gesäumten Allee. Schon bei der Anfahrt trommelt das Kopfsteinpflaster wie auf dem Land gegen die Reifen des Autos und der Regen auf das blecherne Dach. Der grün leuchtende Schriftzug über dem Eingang versprüht eine kultige Anziehungskraft und verspricht einen gemütlichen Kinoabend. Im leicht abfallenden Vorführungssaal stehen dicht an dicht mit rotem Samt überzogene Sessel als Einladung für den heutigen Abend, farblich perfekt abgestimmt mit dem tiefroten Vorhang vor der Leinwand. Die Milchglasleuchten an den Wänden erzählen Geschichten aus vergangenen Zeiten. Langsam wird das Licht gedimmt und Vorfreude ist spürbar.

Mit süßem Popcorn und einer leckeren Limo sinkt man glücklich in den Sessel. Der Vorhang öffnet sich und zur eigenen Verblüffung schmeichelt modernste Kinotechnik den Augen. Sogar Filme in 3D werden hier inzwischen gezeigt. Man schwelgt in Erinnerungen und in den vielen Geschichten neuer und alter Filme. Wie schön, dass das authentische Kinoerlebnis auch in Zeiten von Netflix und Co. noch lebt. Und wie es das tut!

- Metropol Theater, Bahnhofstraße 33, 38442 Wolfsburg, Tel. (0 53 62) 22 36
www.metropol-fallersleben.de
- ÖPNV: Bus 203, 223, Haltestelle Bahnhofstraße

METROPOL
BESTEN

Farbtupfer am Himmel

54 Discgolf am Allersee

Bunte Farbtupfer gleiten majestätisch über den strahlend blauen Himmel, ehe sie elegant auf der grünen frischen Wiese landen. Zwischen Apfelbäumen öffnen sich schöne Aussichten auf den von der Sonne glitzernden Allersee und unendliche Möglichkeiten für das eigene Spiel mit der Frisbee. Zwischen zwei der stolz verwurzelten Fruchtspendern kann schon das Ziel der Bahn erspäht werden: ein Korb, in den das Sportgerät gespielt wird. Eine wunderbare Mischung zwischen Naturerlebnis und Sportereignis. Die Welt ist heute doch eine Scheibe und so geht es vom Startpunkt auf einer bewaldeten Wiese am Kolumbianischen Pavillon über Baumhaine und Wiesen um den See. Eine fantasievoll gestaltete Karte nimmt sich optisch ein Vorbild am Wohlfühl-Einband dieses Glücksorte-Buchs und weist den Weg durch die naturnahe Spielwelt. Auch Zuschauer am Wegesrand fühlen sich von den bunten Scheiben magisch angezogen. Ein kleiner Junge freut sich über einen Probewurf mit der Frisbee und studiert voller Bewunderung die Karte des Parcours. Greenkeeper-Meister Kai aus Werne pflegt sonst Golfplätze und ist bei seinem ersten Wurf ebenfalls fasziniert. Es entstehen wunderbar spontane und freudige Gespräche und das Spiel wird zur Muße. Ein Ehepaar mit Hund wartet geduldig, bis die Scheibe den Fußweg überflogen hat. Alle freuen sich, als diese sicher auf der anderen Seite im Gras landet. Eine entspannte Atmosphäre breitet sich an diesem Ort aus.
Die engen Bahnen in der Mitte des Parcours können natürlich auch nach Lust und Laune übersprungen werden. Dann landen die schnellen Scheiben diesmal nicht im Schilf oder in der Aller. Die Wurfgeräte können gegen ein Pfand von zehn Euro pro Stück kostenlos ausgeliehen werden. Anlaufstellen dafür sind der Kolumbianische Pavillon und der Campingplatz am Allersee. Hier bekommt man dann auch den schönen Übersichtsplan mit Score-Karte als Geschenk zur Ausleihe dazu.

● Discgolf-Anlage im Allerpark, Allerpark 12, 38448 Wolfsburg, Tel. (0 53 61) 89 99 30, www.allerpark-wolfsburg.de/de/attraktionen.html
● ÖPNV: Bus 213, 222, Haltestelle Badeland (ca. 10 Minuten Fußweg)

Nicht nur für Ritter gut

55

Das Rittergut Nordsteimke

Eben dominierten noch moderne Putz- und Klinkerfarben im Neubaugebiet die Straßen. Ein Stück weiter, im historischen Ortsteil von Nordsteimke, reihen sich alte Fachwerkhäuser mit viel Geschichte aneinander. Vorbei geht es am Heinrich-Büssing-Haus, wo der Pionier des Lkw- und Omnibusbaus geboren wurde und auch das Schmiedehandwerk erlernte. Später führte er in der Region eine der ersten Buslinien der Welt ein.

Ein paar Meter weiter wird das Leben in den enger werdenden Gassen immer beschaulicher und ruhiger. Es geht vorbei an der sympathischen St.-Nicolai-Kirche und plötzlich steht ein großes gusseisernes Tor am Ende des Weges. Die Welt dahinter scheint wie aus der Zeit gefallen. Ein großer Hof mit rumpeligem Kopfsteinpflaster und rankigen Rosen öffnet sich. Das Klackern der Pferdehufen auf den quadratischen Steinen wirkt wie ein langsames Metronom, welches eine meditative Stimmung entfaltet. Alles ist hier zwei Gänge langsamer und das tut gut. Vögel zwitschern und es ist wohltuend ruhig. Stolze Bäume spenden Schatten vor einem ebenso stolzen Herrenhaus. Hier ist es, gut versteckt, das Rittergut Nordsteimke. Erstmals urkundlich erwähnt im Jahr 1303, erlebte es Jahrhunderte voller wechselvoller Geschichte. Als Kontrast zum historischen Erbe beherbergt es heute ein modernes Restaurant und, ganz neumodisch, das Yard Boarding Hotel für stilvolle Übernachtungen. Dieses gewann einige Architekturpreise, hält sich ansonsten aber dezent im Hintergrund. Das ist bei dem vom Guide-Michelin ausgezeichneten Restaurant Wildfrisch Gutsküche schon etwas anders. In der ehemaligen Milch- und Wildkammer des Ritterguts wird heute alles serviert, was zu einem Rittergut passt: Saisonal wechselnde Gerichte mit Fisch, Fleisch und Käse aus verschiedenen Regionen Deutschlands, aber auch diverse Sorten Flammkuchen. Das Besondere: Die offene Küche ermöglicht Interaktion zwischen Köchen, Gästen und Gerichten. Das Nordsteimker Rittergut ist eben seit jeher ein besonderer Ort.

TIPP

Entspannen mit Blick auf Wolfsburg – an den nahen Wasserhochbehältern auf dem Windmühlenberg.

- Rittergut Nordsteimke, Schulenburgstraße 8–10, 38446 Wolfsburg, Tel. (0 53 63) 9 71 90, www.graf-schulenburg.de/rittergut
- ÖPNV: Bus 215, 216, 225, 226, Haltestelle Nordsteimke

Sprudelnde Erfrischungen

56 Die Brunnen- und Quellenwanderung im Stadtforst

Angenehm fröhlich glucksen die Kieselsteine beim beschwingten Gang über den Waldweg. Der Bollerwagen ist mit den leckersten Köstlichkeiten und Getränken prall gefüllt. Vögel zwitschern belustigt in den Kronen der Bäume und die Sonnenstrahlen schimmern durch die Laubkronen des Forstes hindurch auf den Wanderpfad. Ein Ausflug ins Grüne ist immer etwas Besonderes, vor allem auf den drei zwischen 8 und 14 Kilometer langen Routen der Wolfsburger Brunnen- und Quellenwanderung. Insgesamt elf Brunnen und Quellen mit Trinkwasserqualität, ein Wasserrad und viele schöne Rastplätze gibt es im mit alten Eichenwäldern gesäumten Naturparadies des Wolfsburger Stadtforsts zu entdecken. Alle Orte erzählen ihre eigene, besondere Geschichte. Wie die Tommy-Quelle, die nach einem englischen Hauptmann benannt ist, der von 1945 bis 1946 trotz funktionierender Versorgung in der Stadt hier Wasser holen ließ. Seit 1984 ist sie nun mit einem süßen Drachenkopf eingefasst, der immerzu Wasser an die durstigen Wandernden spendet. Das malerische Bachtal wird hier von urwaldnahen Bäumen gesäumt.

TIPP

Die flachen Wege der Wanderung eignen sich auch hervorragend für eine Fahrradtour.

Beim Köhlerbrunnen und bei der Oldtimer-Handschwengel-Pumpe ist eigenes Engagement gefragt, dann fließt das sprudelnde Nass in Strömen. Aus Tiefen von bis zu 120 Metern kommt das Wasser der Quellen auf dem Erlebnispfad an die Tagesoberfläche und lädt zu einer geschmacklichen Entdeckungsreise ein. Obwohl die einzelnen Oasen zum Teil nicht weit voneinander entfernt sind, so sind doch deutlich unterschiedliche Geschmacksnuancen festzustellen. Ein großartiges Aha-Erlebnis, dass Wasser auch Geschmack haben kann. Am besten mundet das Wasser der Käfertränke, die an warmen Sommertagen von Radfahrern gerne als Erfrischungsstation angefahren wird. Auch Kinder mit bunten Helmen können hier nicht genug bekommen – ein untrügliches Zeichen, dass dieses kühle Lebenselixier wirklich fantastisch ist. Große freundliche Käfer aus Stein freuen sich daneben über diesen Zuspruch.

- Brunnen- und Quellenwanderung, Einstieg beispielsweise am VW-Bad: Berliner Ring 41, 38440 Wolfsburg, Tel. (0 53 61) 1 89 36 00 www.lsw.de/brunnen-und-quellen
- ÖPNV: Bus 215, 216, 225, 226, Haltestelle VW-Bad (ca. 10 Minuten Fußweg)

Einkaufen mit Stallgeruch

57

Der Biomarkt Mutter Grün in Fallersleben

In Fallersleben steht ein Fachwerkhaus, das im Volksmund „Schäfersche Scheune" heißt, benannt nach ihrem ehemaligen Besitzer. Früher fuhren hier große Traktoren ein und aus, fanden Schutz vor Wind und Wetter und immer einen liebevollen Mechaniker, der sie in Schuss hielt. Das große Eingangstor zeugt noch von diesen Zeiten. Heute beheimatet die ehemalige Scheune den Bio-Markt von Anja Schubert und ihrem Mann Ralf. Diese eröffneten nach ihrem Studium einen ersten Biomarkt im Stuttgarter Hauptbahnhof. Schnell wurde dieser zu einem der größten in Deutschland. Doch als ihnen bei Umbaumaßnahmen wortwörtlich die Decke auf den Kopf fiel und der Laden im Staub versank, war die Idee zu einer Veränderung geboren. Als dann das Umbauprojekt Stuttgart 21 öffentlich wurde, sah sich das Paar endgültig nicht mehr an diesem Ort. Ehemann Ralf schaute im Internet fast täglich deutschlandweit nach einer neuen Immobilie. Bei vielen ähnlichen Ladenflächen wie in den Hauptbahnhöfen von Berlin und Hannover wollte sich das gute Gefühl aber nicht so richtig einstellen.

TIPP

Einen weiteren Mutter Grün Biomarkt gibt es inzwischen in Vorsfelde.

Doch dann fand sich die historische Scheune im alten Fallersleben. Schon am frühen Morgen danach trat das Ehepaar die weite Reise nach Norddeutschland an, und verliebte sich direkt in den Ort. Der Biomarkt Schäfersche Scheune war geboren. Als ein zweites Geschäft in Gifhorn eröffnet wurde, sollte ein neuer Name her. So fand sich schließlich der heutige Name: Mutter Grün. Der ist in der heimeligen Scheune dann auch Programm. Zu fast allen Produzenten haben Anja Schubert und ihr Mann persönliche Kontakte und besuchten viele davon vor Ort. Da das Brot des lokalen Bäckers noch nicht ganz den Geschmack von Anja traf, entwickelte sie kurzerhand das „Mutter Grün Brot". Der Bäcker war begeistert und stellte sein Angebot auf die neue Rezeptur um. Anja und Ralf fühlen sich durch diese vielen glücklichen Momente in ihrer Entscheidung, nach Wolfsburg gekommen zu sein, bestätigt: „Hier in der Stadt", stellt Anja strahlend fest, „ist die Welt noch in Ordnung!"

- BioMarkt Mutter Grün, Hoffmannstraße 10, 38442 Wolfsburg, Tel. (0 53 62) 72 86 55, www.muttergruen.de
- ÖPNV: Bus 180, 204, 211, 227, Haltestelle Altes Brauhaus

Unsere regionalen Hersteller
A Demeter Bauckhof
B Voelkel
C Kastanienhof
D Bohlsener Mühle
E Gläserne Molkerei
F Brotinsel
G Bio Brotladen Schütze GmbH
H Sartorius Bio Bäckerei
I Bio Käserei Hof im Greth
J Schröder's Fleischwaren
K Demeter Gärtnerhof Wendengarten
L Fallersleber Backwaren Manufaktur
M Imkerei Wabe
N Tobiquell

58 Höhenzug Elm und Kaiserdom Königslutter

Heute ist ein wunderbarer Sommertag. Die Sonne scheint vom Himmel und kleine weiße Quellwölkchen ziehen vorbei. Zwischen gelb leuchtenden Rapsfeldern schauen kleine süße Ortschaften mit ihren Ziegeldächern und Kirchtürmchen hervor. Ganz am Ende der Allee aus Apfelbäumen ragt ein welliger und grüner Höhenzug hervor: der Elm. Von der ehemaligen Waldgaststätte Diana Ruh südlich von Bornum hat man an klaren Tagen einen wunderbaren, kilometerweiten Ausblick bis nach Wolfsburg und darüber hinaus. Folgt man dem Panoramaweg, welcher dort entlangführt, wo die Rapsfelder aufhören und der Wald beginnt, kann man fast die ganze Region überblicken. In Richtung Osten ragt alsbald der stolze Kaiserdom von Königslutter in den Himmel – was für eine beeindruckende Perspektive! Folgt man dem Weg in Richtung Südwesten, kommt die Silhouette einer weiteren Stadt ins Blickfeld. Hier kann man Wolfsburg und Braunschweig gleichzeitig erblicken. Ein einmaliges Erlebnis.

Wer sich an dieser wunderbaren Sommerlandschaft sattgesehen hat, folgt nun den Wanderwegen in den Wald. Der Wind säuselt leicht durch den grünen Buchenwald und schafft ein wohliges Gefühl von Entspannung. Sanft gewellt geht es durch den malerischen Höhenzug. Ab und zu rollen Mountainbiker vorbei, die hier ein ideales Terrain gefunden haben. Ein schnelles Lächeln und schon ist der neue sportliche Schwarm wieder hinter der nächsten Kuppe verschwunden. Wer Zeit mitgebracht hat, erreicht nach einer Weile das malerische Reitlingstal mit der Gaststätte Reitling im Elm. Von hier aus öffnet sich der Blick über saftige Wiesen und Wälder.

Ein Kontrastprogramm bietet anschließend der Besuch des Kaiserdoms in Königslutter. Zwischen den Säulen des Kreuzgangs wandelnd taucht man in jahrhundertealte Geschichte ein, erfreut sich an den bunt bemalten Decken und erfährt das Geheimnis der Kaiser-Lothar-Linde vor dem Gebäude. Stärkung bietet das Domcafé, in dessen Haus auch ein sehenswertes Musikinstrumente-Museum beheimatet ist.

TIPP

In der Mitte des Elms die sagenumwobene Geschichte des Tetzelsteins entdecken.

- Elm, Am Klapperberge, 38154 Königslutter
  www.koenigslutter-kaiserdom.de
- ÖPNV: Bus 360, Haltestelle Königslutter am Elm Kaiserdom

Einkehren im Regenwald

59

Der Kolumbianische Expo-Pavillon am Allersee

Kraftvoll strecken sich die hölzernen Baumkronen in den Himmel. Insgesamt zwanzig Stahlstämme mit Teakholz-Topping schaffen einen stilisierten Forst, der als Hommage an den südamerikanischen Regenwald für den Kolumbianischen Pavillon auf der Weltausstellung 2000 in Hannover vom Architekten Daniel Bonilla aus Bogotá geschaffen wurde. Seit 2005 nun stehen die stolzen Botschafter im Wolfsburger Allerpark. Sie tragen federleicht ein Dach, welches im Sommer vor der Mittagshitze und im Frühjahr und Herbst wie ein Strandkorb vor Wind schützt und eine Einladung zur Verlängerung der Sommersaison ist. So wird die riesige, überdachte Terrasse des im Pavillon beheimateten Restaurants zu einem Treffpunkt für Ausflügler und Städterinnen gleichermaßen. Sie ist erster Anlaufpunkt an einem sonnigen Tag am Strand, bei dem zum perfekten Glück nur noch ein Eis am Stiel oder eine kühle Limonade fehlt. Doch auch für den Kurzurlaub am See nach Feierabend ist hier der perfekte Ort. Bei einem Sundowner blickt man auf das glitzernde Wasser des Allersees und fühlt sich einfach pudelwohl in der eigenen Haut. Nach dem Sonnenuntergang geht das fröhliche Leben munter weiter, wenn der Baumkronenwald in bunten Farben beleuchtet wird. Im Innenraum schmeicheln bunte Mosaike, wie von Hundertwasser erschaffen, Säulen und Wände. Ein Kamin sorgt für Gemütlichkeit.

Wechselnde Gerichte sorgen für Abwechslung auf dem Speiseplan. Regenbogenforelle mit grünem Spargel, lila Kartoffeln und einem saftig grünen Wildkräutersalat zaubern ein buntes Bild auf die runden Teller. Auch Vegetarier werden hier glücklich: zum Beispiel mit dem Auberginen Burger mit Frischkäse, Rucola, Tomaten, Mozzarella und Avocado-Creme. Knusprige Süßkartoffelpommes treten als Beilage in vollkommener geschmacklicher Harmonie auf. Einfach lecker!

TIPP

Wer hier Speis und Trank genießt, parkt kostenlos auf den begehrten Stellplätzen am See.

● Kolumbianischer Pavillon, Allerpark 12, 38448 Wolfsburg, Tel. (0 53 61) 8 43 40 98
www.kolumbianischer-pavillon.de

● ÖPNV: Bus 160, 201, 202, 221, 222, 380, Haltestelle Allerpark; Bus 213, Haltestelle Badeland (ca. 10 Minuten Fußweg)

Das Venedig des Nordens

60

Eine Kajaktour auf der Oker durch Braunschweig

Was gibt es Schöneres, als an einem warmen Sommertag fast lautlos mit einem Kanu durch ein grünes Paradies zu gleiten? Untermalt von stolzen Stadtvillen, die einen Hauch von Venedig über das Wasser wehen lassen? Das Erlebnis ist greifbar nah, mitten im Herzen von Braunschweig. An verschiedenen Stellen in der Stadt kann man Kanus sowie Paddel- und Tretboote ausleihen und zu einer wunderbar spannend-entspannenden Safari aufbrechen. Wer mindestens vier Stunden Zeit mitbringt, kann die Stadt sogar einmal im Kreis mit dem Boot umrunden.

Derlei seichte Freizeitbeschäftigungen hatten die Stadtfürsten allerdings nicht im Sinn, als sie im 18. Jahrhundert zur Verstärkung der mittelalterlichen Befestigungsanlagen die Oker in ihre heutigen Bahnen lenken ließen. Vielmehr ging es ihnen um die Bewahrung ihrer stolzen Stadt, dessen Erbe man im historischen Zentrum noch heute bestaunen kann. Als die Wehranlagen nach und nach abgebaut wurden, entstand die heutige Oase mitten in der Stadt. Schnell wussten die Menschen diese neuen Möglichkeiten zu nutzen. Die Stadt befreite sich doppelt: von der eingrenzenden Stadtmauer und vom hektischen Alltag der Metropole. Wer sich heute auf Entdeckungstour begibt, lernt das Zentrum mit seinen wunderbaren Parks und Gärten, Schlössern und Plätzen noch einmal von einer ganz neuen Seite kennen.

Auch Elektroflöße sind auf der Oker unterwegs. Auf ihnen lauschen die Mitfahrenden andächtig der Krimi-Lesung auf dem Wasser. Das Restaurant Steg-Haus hat einen eigenen Pier in das kühle Nass geschoben und ermöglicht mit seinem Paddle-Through auch den Genuss eines lokalen Wolters Pilsener auf dem Wasser. Bei angenehmen Temperaturen lässt man sich den ganzen Tag über das Wasser gleiten. Und ist überrascht, dass die Sonne in diesem überraschend vielseitigen Paradies schon untergeht. Alle zwei Jahre erstrahlen dann in den Sommernächten am Ufer und unter den vielen Brücken leuchtend-bunte Kunstwerke auf dem Braunschweiger Lichtparcours.

TIPP

Den Tag direkt am Fluss ausklingen lassen, in der Beachbar Okercabana oder im Steg-Haus.

- Bootsverleih OkerTour, Kurt-Schumacher-Straße 26 a, 38102 Braunschweig, Tel. (05 31) 2 70 27 24, www.okertour.de
- ÖPNV: Diverse Straßenbahnen und Busse, Haltestelle Braunschweig John-F.-Kennedy-Platz

HAFEN 1
FLOSS
FLOSS STATION

Heiß auf Eis

61 Die EisArena der Grizzlys Wolfsburg im Allerpark

Glücklich dreht der kleine Max seine ersten Runden auf dem Eis. Seine Mama winkt ihm von der Bande aus zu. Er grinst, nimmt all seinen Mut zusammen und saust noch ein kleines bisschen schneller über die glitzernd weiße Leinwand des Glücks. Was für ein wunderbar motivierendes Erfolgserlebnis! Auch seine ältere Schwester Laura ist heute in der EisArena, aber erst später am Tag, wenn sie mit ihren Freundinnen bei der Eisdisco zu coolen Beats und bunt flackernden Lichtern wie eine Prinzessin über das Eis schwebt und ihrem Schwarm aus der Parallelklasse direkt in die Arme fliegt … Aufregung, rote Wangen und ein verzauberndes Lächeln inklusive. Ein wunderbarer Abend, der niemals enden soll.

Am nächsten Tag wird es im Ring sportlich professionell: Die Eishockeymannschaft Grizzly Adams trifft beim Heimspiel in der höchsten deutschen Eishockeyliga auf die Eisbären aus Berlin. Rhythmische Trommelwirbel fegen durch die Halle und begeisterte Fangesänge elektrisieren die blitzschnellen Profis auf dem Feld. 1:0 für die Grizzlys aus Wolfsburg! Eine La Ola fließt über die Ränge und das Glück ist förmlich in der Luft greifbar. Die Stimmung ist ausgelassen, aber fokussiert. Anders als beim Fußball erfordert es einiges an Geschick, den schnellen Puck auf dem Feld im Auge zu behalten. Doch die Mühe lohnt sich, man ist Teil eines packenden, bis zum Schluss spannenden und unglaublich intensiven Erlebnisses, bei dem das Team auf dem Eis und die Fans auf den Rängen eins werden. Gänsehaut, Begeisterung und Leidenschaft sind garantiert! 2009 konnte hier sogar zur Freude einer ganzen Stadt der Deutsche Eishockeypokal in die Höhe geschwungen werden. Das Team hatte es geschafft – und wurde mit der Eintragung ins goldene Buch der Stadt belohnt. Das war und ist mehr als verdient. Denn kaum ein Verein verkörpert so sympathisch Werte wie Teamgeist, Willenskraft und Optimismus. Wer sich davon inspirieren lassen möchte, ist in der EisArena jederzeit willkommen.

TIPP

Während der jährlichen Playoffs im Frühjahr sind die Eishockey-Spiele besonders leidenschaftlich.

- EisArena Wolfsburg, Allerpark 5, 38448 Wolfsburg, Tel. (0 53 61) 8 93 53 12
www.wolfsburg.de/eisarena
- ÖPNV: Bus 160, 201, 202, 221, 222, 380, Haltestelle Allerpark; Bus 213, Haltestelle Badeland

Der ID.4
Der ID.4
DeSOUSA
82
PENNY

Wo die Natur zu Hause ist

62

Das Hasselbachtal im Stadtwald

Der kleine Fluss schlängelt sich malerisch durch ein Tal mit Wiesen und Wäldern. Eine süße, kleine Holzbrücke trägt den schmalen Glückspfad über die in der Sonne glitzernde flüssige Glückssträhne. Schüchterne Rehe weiden im Gras und Vögel stolzieren über liegende Baumstämme, wie kleine Königinnen dieses naturnahen Kleinods mitten in der Stadt. Neugierig schauen sie in Richtung der vorbeiziehenden Menschen. Nehmen Blickkontakt auf und heißen sie willkommen. Was sie wohl hierher zieht? Das bleibt der Fantasie überlassen. Die Harmonie mit der Natur ist ein besonderes Gefühl, für das es sich immer wieder lohnt, in das verwunschene Hasselbachtal zurückzukehren. Um die Seele baumeln zu lassen, die Natur zu genießen oder einfach nur um zu entspannen. Nirgendwo sonst kommt die Natur so nah an die Innenstadt heran. Nur wenige Gehminuten von der Fußgängerzone entfernt ist hier vollkommene Harmonie mit der Natur abseits von Hektik und Durchtaktung erlebbar.

Die Sonne steht schon tief, aber ein Spaziergang ist noch weit oben auf der Wunschliste für den heutigen Tag? Kein Problem! Das nach Süden ausgerichtete Tal ist auch am späten Nachmittag noch lichtdurchflutet und eine Garantie für die Extraportion Endorphine. Sportbegeisterte wissen zudem die herausfordernden Mountainbike-Trails zu schätzen, die ein beschleunigtes Gefühl der Verbundenheit mit der Natur versprechen. Auch Nordic Walking hat hier Konjunktur. In der schneereichen Jahreszeit leiht sich die Stadtverwaltung zudem auch schon einmal eine Pistenraupe aus dem Harz aus und verwandelt das Tal und den angrenzenden Stadtforst in ein riesiges Wintersportparadies für Skilanglauf. Majestätisch gleitet es sich dann auf schmalen Brettern durch eine verschneite Zauberwelt. Ein Angebot, welches nicht nur Einsteiger, sondern auch Profis begeistert. Ein Skigebiet direkt vor der Haustür, ein wahr gewordener Traum für die vielen Wintersportfans!

TIPP

Picknickkorb mit Decke mitnehmen und es sich gut gehen lassen.

- Hasselbachtal, Berliner Ring 41, 38440 Wolfsburg
- ÖPNV: Bus 215, 216, 225, 226, Haltestelle VW-Bad oder Steimker Berg (ca. 20 Minuten Fußweg)

Vom Winde verweht

63

Das internationale Mühlenmuseum Gifhorn

Mykonos an einem wunderschönen Sommertag. Die Sonne am tiefblauen Himmel strahlt mit den Urlaubern um die Wette. Es duftet nach Kräutern und die weißen Mühlenblätter flattern leicht im Wind. Die Aussicht ist weit und die Gedanken fliegen fort, wehen über das Meer und verschwinden hinter dem Horizont. Hier möchte man für immer bleiben und das süße Leben genießen. Welch ein Glück, dass dieser Ort gleich um die Ecke liegt, kein Flugzeug bestiegen werden muss und man von zu Hause sogar mit dem Fahrrad hierherfahren kann.

Die griechische Mühle von der Sehnsuchtsinsel in der Ägäis ist eine von insgesamt 16 originalen und originalgetreu nachgebauten Schätzen aus zwölf verschiedenen Ländern, die alle auch von innen besichtigt werden können. Was 1965 als Hobby von Mühlenbauer Horst Wrobel begann, ist heute als internationales Wind- und Wassermühlenmuseum europaweit einzigartig. Besonderer Wert wurde neben einer funktionsfähigen und detailreichen Ausgestaltung der Gebäude selbst auch auf die Modellierung einer herkunftstypischen Landschaft gelegt, welche die Mühlen im Museum umgibt. So nehmen die Mühlen das Publikum realitätsnah mit auf eine Weltreise von Deutschland über Portugal, Serbien, Südkorea, Schottland und weitere Länder, bis schließlich wieder Gifhorn erreicht wird.

TIPP

Das Museum mit dem Kanu vom Wasser aus erkunden: Los geht es am Bootsverleih in der Bromer Straße 4.

Im nachgebauten Rundlingsdorf fühlt man sich in der Zeit zurückversetzt. Ein historisches Backhaus produziert in holzgefeuerten Steinbacköfen Brot und Kuchen nach alten Rezepturen. Ein Glasbläser fertigt auf offener Flamme formschöne Gefäße mit dem Mund. Liefen die Touristen in Trachten durch das Freilichtmuseum, die Illusion einer Zeitreise wäre perfekt. Ein Stück weiter leuchten goldene Zwiebeltürme auf der russischen Stabkirche, welche 1965 höchstpersönlich durch den Moskauer Patriarchen Aleksij II. geweiht wurde. Spätestens wenn die orthodoxen Priester in ihren langen Gewändern um den Sakralbau ziehen, vergisst man, an welchem Ort man sich eigentlich in Wirklichkeit befindet.

● Internationales Wind- und Wassermühlenmuseum, Bromer Straße 2, 38518 Gifhorn, Tel. (0 53 71) 5 54 66, www.muehlenmuseum.de
● ÖPNV: Bus 170, Haltestelle Gifhorn Mühlenmuseum

Der Glücksanzeiger

64

Die Wolfsburger Currywurst in der Autostadt

Die Menschen in Wolfsburg lieben ihre Currywurst. Die bekannteste Spezialität der Stadt wird seit 1973 und inzwischen in einer Auflage von über sieben Millionen Stück pro Jahr in der werkseigenen Produktion von Volkswagen hergestellt. Damit werden am Standort Wolfsburg mehr Würstchen als Autos produziert. Nicht fehlen darf dabei natürlich der lokale Gewürzketchup. Als im Jahr 2018 der Vertrag mit dem bis dahin produzierenden Unternehmen auslief und nicht verlängert werden konnte, musste ein neuer Hersteller gefunden werden. Die Rezeptur war nach der Produktionsumstellung jedoch zuerst nicht zufriedenstellend, die Belegschaft ganz und gar unglücklich. Also wurde eine Kommission zur Findung einer neuen Rezeptur einberufen. Zum Glück konnte eine gute Lösung gefunden werden. Der Nimbus ist wiederhergestellt: Wer einmal in Wolfsburg dieses Fest für die Sinne probiert hat, möchte in anderen Teilen des Landes keine Wurst mehr essen.

Ein besonderes Erlebnis ist der Genuss dieser Spezialität auf dem Wolfsburger Wochenmarkt, welcher immer mittwochs und samstags vor dem Rathaus zelebriert wird. Lokale Wurst mit Locals essen – näher kann man Wolfsburg nicht kommen. Der regionale Einzelhandel hat ebenfalls auf die hohe Nachfrage reagiert und bietet das „Volkswagen Originalteil“ (Teilenummer 199 398 500 A) samt Soße in ausgewählten Geschäften für die Zubereitung und den Verzehr zu Hause an.

Wie es wirtschaftlich um Volkswagen bestellt ist, lässt sich übrigens am inoffiziellen „Currywurst-Indikator“ ablesen. Werden weltweit mehr Autos als Currywürste produziert und verkauft, dann läuft das Geschäft. Ist es andersherum, dann stehen Werk und Stadt vor großen Herausforderungen. Ein echter Glücksanzeiger also, diese Wurst. Für Herausforderungen scheint man in Wolfsburg aber bestens gerüstet zu sein – so überlebte man doch sogar schon das inzwischen geschlossene „Deutsche Currywurst Museum“ in Berlin, in dem die Wolfsburger Wurst ausgestellt war.

TIPP

Die Currywurst gibt es auch als vegetarische und sogar vegane Version.

- Restaurant Lagune in der Autostadt, Stadtbrücke, 38440 Wolfsburg, Tel. (08 00) 6 11 66 00, www.autostadt.de/restaurants
- ÖPNV: Diverse Busse, Haltestelle Autostadt oder ZOB (ca. 10 Minuten Fußweg)

Weltreise mit Paddelboot

65

Eine Kanutour auf der Ise

Der Kanuverleih ist gerade hinter der sanften Biegung der Ise verschwunden. Mit intensiven Farbtönen in Grün und Blau öffnet sich ein wunderbares und ruhiges Naturparadies. Nur das Paddel gluckst fröhlich beim Eintauchen in das kühle Nass. Die Sonne scheint vom Himmel. Auf einmal schimmert eine golden glänzende Kuppel durch das wilde Dickicht. Sie gehört zum Glocken-Palast, in dem einst sogar Michail Gorbatschow höchstpersönlich zu Besuch war. Es braucht gar nicht viel Fantasie, auf einmal ist man mit seinem Boot in Russland unterwegs. Wie um die Illusion perfekt zu machen, öffnet sich kurze Zeit später ein wunderbarer Blick auf eine majestätisch verzierte, russisch-orthodoxe Holzkirche. Auch diese hatte schon hohen Besuch – einst wurde sie vom Moskauer Patriarchen geweiht. Weiter geht es durch dieses Paradies, ganz im Einklang mit der Natur. Und plötzlich ist man in den Niederlanden. Stolz recken sich hölzerne Mühlen in die Luft. Auf der frisch gemähten Wiese weiden Kühe und Esel. Ein friedlicher Ort. Vorbei geht es an einer ungarischen Donau-Schiffsmühle auf einen See. Von hier aus lassen sich weitere Schätze entdecken, die meisten davon aus dem Mittelmeerraum. Mühlen aus Portugal und Griechenland reihen sich aneinander. Eine beeindruckende Szenerie. Ganz in der Natur ist, wer dem Flusslauf entgegen der Strömung zurück zum Kanuverleih und darüber hinaus folgt. Hier ist nur noch Natur. Und die Stadt weit weg.

Ganz in der Nähe der Mühlen mündet die Ise in die Aller. Von dort führt die Reise des Wassers weiter über die Weser bis in die Nordsee. Spannenderweise fließt das Wasser dabei erst ab der Mündung in die Aller in Richtung Meer, die Ise hingegen fließt über die gesamte Länge in die entgegengesetzte Richtung – so als wolle sie mit aller Macht das Wasser in Gifhorn halten, damit glückliche Abenteuerlustige immer eine Handbreit Wasser vor dem Kiel haben.

TIPP

Mit wetterfester Kleidung alle Witterungen als Glück empfinden!

- Ise-Tour – Der Erlebnisbootsverleih, Bromer Straße 4, 38518 Gifhorn, Tel. (0 53 71) 9 89 34 22, www.ise-tour.de
- ÖPNV: Bus 150, 170, 174, Haltestelle Isetal

Aller guten Dinge sind drei

66

Die Drei Steine am VW-Bad

Norddeutschland ist flach, das weiß doch jedes Kind! Dass eiszeitliche Gletscherzungen unsere Heimat hügeliger geformt haben als angenommen, wird spätestens aber bei einer Fahrradtour durch den südlichen Teil von Wolfsburg klar. Hinter dem VW-Bad, gut versteckt im stattlichen Stadtforst, wird es schließlich richtig schroff. Die Sandsteinformation der Drei Steine rahmt eine mit stolzen Kiefern bewachsene Lichtung ein. Die großen steinernen Klekse scheinen hier, gestrandet im Sand, ihre Bestimmung als Mahnende gefunden zu haben, unser modernes Leben schleunigst zu entschleunigen. Ein besonderer Ort, der Klein und Groß magisch anzieht. Auch wenn die riesigen Felsen im Laufe des Lebens gefühlt etwas schrumpfen, so bewahren sie sich doch ihre besondere Aura, die Geschichten aus einer längst vergangenen Zeit erzählt.

Ein Besuch der Drei Steine verspricht zu jeder Jahreszeit besondere Erlebnisse. Im sommerlichen Wald lädt dieser Glücksort zu einem Picknick ein, im Herbst raschelt das Laub unter den Füßen und im Winter verwandelt feiner Puderzuckerschnee die Szenerie in eine magisch verwunschene Zauberwelt. Wer einmal die eigenen Kletterkünste testen möchte, kommt hier auf seine Kosten. Etwas abseits sorgt ein Waldkindergarten schon bei den ersten eigenen Schritten durch das Leben für eine ordentliche Portion Naturverbundenheit. Das Philharmonic Volkswagen Orchestra hat diesen Glücksort ebenfalls für sich entdeckt und verwandelt ihn in eine wunderbare Bühne, bei der formschöne Instrumente und sinnliche Klänge mit den welligen Sandsteinfelsen verschmelzen. Stücke von Mozart, Beethoven und Tschaikowsky lassen die Luft vor Freude vibrieren. So ist es kein Wunder, dass nach dem großen Auftritt nicht nur Dirigent Hans Ulrich Kolf von der besonderen Akustik der natürlichen Sandsteinformation schwärmt. Das Orchester tritt bei den Benefizkonzerten unentgeltlich auf, die Einnahmen gehen vollständig an wohltätige Projekte im Kinder- und Jugendbereich.

TIPP

Ein Besuch der Drei Steine lässt sich sehr gut mit der Brunnen- und Quellenwanderung verbinden.

- Drei Steine, Berliner Ring 41, 38440 Wolfsburg
- ÖPNV: Bus 215, 216, 225, 226, Haltestelle VW-Bad oder Steimker Berg

Kanarische Insel-Vibes

67

Das BoCa in Mörse

Nichts geht über einen entspannten Brunch am Wochenende. Gutes Essen und feine Getränke, dazu die liebsten Menschen mit am Tisch – das ist pures Glück. Im historischen Mörse hat man für dieses Gefühl einen an Gemütlichkeit kaum zu übertreffenden Ort geschaffen: das BoCa, einen schnuckeligen Laden im sympathischen Backsteinhaus. Leckere Kuchen und Torten, Suppen und Tapas, Cappuccino und spanischer Rotwein sind nur einige der hier feilgebotenen Leckereien. Wer sich in der Stadt nach den persönlichen Lieblingsorten umhört, wird also früher oder später hier landen. Dabei hört man auch oft, dass sich der Weg ins BoCa eigentlich viel zu selten findet. Wie gut, dass man das ändern kann! Also nichts wie hin, denn auch der eigene Besuch ist schon lange her. Das Eintreten fühlt sich an wie zu Hause angekommen. Ein goldener Hirsch begrüßt die neuen Gäste. Zusammen mit den beiden Gastgebern Helmut Hansen und Uwe Claus.
Helmut ist gebürtig aus Flensburg, wanderte dann jedoch nach Gran Canaria aus. Dort lernte er Uwe aus Wolfsburg kennen, mit dem er sich auch auf dem sonnenverwöhnten Atlantikarchipel verlobte. Um gemeinsam das BoCa eröffnen zu können und wieder näher bei der Familie zu sein, kamen sie vor zehn Jahren zurück nach Deutschland ins beschauliche Mörse. Schließlich fand sich der passende Ort für die gemeinsame Existenz: ein ehemaliges Frühstückscafé zweier Freundinnen, welches in noch früheren Zeiten über zwanzig Jahre als Kneipe Erdpaul einen legendären Ruf besaß.
Den beiden Männern wurde schnell klar, dass die wunderbare Sommerinsel Gran Canaria mit nach Wolfsburg kommen sollte. So ist immer mittwochs bis sonntags Tapas-Abend im BoCa. Catja Weber aus der nahen Casa España bietet zudem einmal im Monat Weinproben an – mit edlen Tropfen aus Spanien. Eine tolle und authentische Reise für die Sinne. Ebenfalls besonders ist die Speisekarte – sie ist jeden Tag anders. So ist jeder Besuch im BoCa immer wieder voller wunderbarer Überraschungen.

TIPP

Nach genussvollen Stunden einen Spaziergang im historischen Gutspark Mörse unternehmen.

● BoCa, Im Dorfe 13, 38442 Wolfsburg, Tel. (0 53 61) 2 72 81 92
www.boca-restaurant.de
● ÖPNV: Bus 204, 211, 212, Haltestelle Mörse

APEROL

Wohnen wie bei Oma und Opa

68

Die Museumswohnung in der Innenstadt

Wenn findige Lebensmittelfirmen und marketingbewusste Rezepterfinderinnen die Qualität ihrer Arbeit unterstreichen wollen, dann wird schnell der Vergleich zu den Großeltern gezogen. Ein richtig schönes und romantisch verklärtes Gefühl soll so entstehen. Doch wie diese in ihren jungen Jahren wirklich gelebt haben, wird nicht so richtig deutlich, während man Omas Apfelkuchen oder Opas Kartoffelsalat am Küchentisch verspeist, der von einem großen, schwedischen Möbelhaus kommt – und den auch die Nachbarn in ihrer eigenen Küche stehen haben. Wie gut, dass die städtische Wohnungsbaugesellschaft Neuland im Jahr 2001 beschloss, diese Wissens- und Erfahrungslücke zu schließen und eine ganze Wohnung aus ihrem Bestand in den Ursprungszustand von 1942 zurückbaute. Dabei achtete sie so sehr auf jedes kleinste Detail, dass einem heute bei einem Besuch ganz warm ums Herz wird. Die Betätigung der alten Porzellanklingel fühlt sich seltsam entschleunigend an und die bestickten Vorhänge glänzen mit entspannender Schlichtheit. Der gusseiserne Herd mit Backofen wartet darauf, die Rezepte von Oma und Opa endlich einmal originalgetreu nachzukochen und zu -backen. Die Vorhänge verschließen den Blick nach draußen in die Gegenwart und lassen in die Welt längst vergessener Tage eintauchen. So wandelt man glückselig durch Schlafzimmer, Küche, und Bad und möchte am liebsten für immer hierbleiben.

Doch irgendwann ist Schluss und die Museumsführerin bittet wieder nach draußen, ins Hier und Jetzt. Doch auch dort kann es schön sein, vor allem in den 12.000 anderen Wohnungen der Neuland. Ein ambitioniertes Neubau- und Sanierungsprogramm sichert Wolfsburg immer hochwertige, aber bezahlbare Wohnungen, preislich oft unter dem Marktdurchschnitt. Ein schönes und zufriedenstellendes Dasein ist hier für alle möglich. So wird Wolfsburg zu einer echten Wohn-Glücksinsel. Diese Stadt ist einfach ein lebensfrohes Refugium ohne Sorgen.

TIPP

Besichtigungen bietet die Tourist-Information an. Buchung per Telefon oder tourist@wolfsburg.de

● Museumswohnung der Neuland, Schillerstraße 28, 38440 Wolfsburg, Tel. (0 53 61) 89 99 30, www.nld.de/unternehmen/geschichte/museumswohnung
● ÖPNV: Diverse Busse, Haltestelle Kunstmuseum

Ich male mir die Welt

69 „Die Pinselei" in der Seilerstraße

Ist „Die Pinselei" ein Glücksort? Auf jeden Fall, da muss Gründerin Imke Bendewald keine Sekunde lang überlegen. Schließlich hat alles an einem anderen Glücksort angefangen. Genau genommen im Hannoveraner Glücksort Nummer 57, einem Porzellancafé. Davon war Imke bei ihrem ersten Besuch so begeistert, dass sie immer wieder zum Malen kam, später auch mit ihren eigenen Kindern. Nur, warum gab es so einen wunderbaren Glücksort noch nicht in Wolfsburg? Nach der Elternzeit war die Möglichkeit zu einer beruflichen Veränderung gekommen und Imke nutzte sie, um mit einer Malwerkstatt für Keramik ihr Herzensprojekt zu verwirklichen. Nach längerer Vorbereitungszeit konnte sie ihren ganz persönlichen Wohlfühlort schließlich im Februar 2019 eröffnen. Und alle, die einmal dort waren, sind ebenso begeistert, wie Imke es bei ihrem ersten Besuch in Hannover war. „Es sind immer alle glücklich", sagt sie und lacht erfreut. Dann hält sie inne und überlegt einen Moment. Doch, den einen Kindergeburtstag gab es, an dem einmal eine Krokodilsträne rollte. Der Fall war schnell gelöst und schließlich waren wieder alle glücklich und zufrieden.

Besonders gefragt sind in der Pinselei Bowls, Teller und Tassen. Doch auch ausgefallenes Geschirr und sogar Tierfiguren können hier bestrichen werden. Dafür stehen über fünfzig verschiedene Farben zur Verfügung. Alle sind wasserlöslich und lebensmittelecht, also für jedes Alter geeignet. Ist das Meisterwerk schließlich fertig, wird es bei 1.000 Grad 24 Stunden lang gebrannt. Nach einiger Abkühlzeit kann das neue Lieblingsstück dann bei Imke in der Pinselei abgeholt und glücklich in die Arme geschlossen werden. Etwas ganz Individuelles mit den eigenen Händen zu schaffen, macht glücklich und stolz. Im finalen Moment ist das ein wunderbares Gefühl. Die Tage der Vorfreude, der Frage, wie das eigene Kunstwerk nach dem Brennen wohl aussehen wird, haben hier ihr großes Finale. Ja, das Ergebnis macht glücklich.

TIPP

Einblicke in Imkes Pinselei gibt es auch bei Instagram auf dem Profil @diepinselei.

- Die Pinselei, Seilerstraße 19, 38440 Wolfsburg, Tel. (0 53 61) 3 79 00 31 www.diepinselei.de
- ÖPNV: Bus 180, 211, 227, Haltestelle Seilerstraße

HAPPY

Glück in Flaschen

70 Die Sülfelder Gutshof-Brennerei

In der Kornbrennerei des kleinen Wolfsburger Ortsteils Sülfeld wird das Glück schon seit dem Jahr 1706 in Flaschen abgefüllt. Seitdem hat die Familie Lübbecke-Grünhagen das Brennrecht und führt diese Tradition damit schon seit über dreihundert Jahren fort. Beeindruckend daran ist, dass dies bis heute fast vollständig in Handarbeit passiert. So wird jeder einzelne Produktionsschritt, vom eigentlichen Brennen bis hin zum Bekleben der Flaschen mit Etiketten nur mit ganz wenigen, teils altertümlich anmutenden Hilfsmitteln durchgeführt. Das sorgt nicht nur für ein starkes Gefühl der Identität im Ort und bei der treuen Stammkundschaft, sondern auch für ein Lächeln auf den Gesichtern der Mitarbeiterinnen. Denn hier hat man noch einen echten Bezug zum Produkt und vom Verkauf bis zum Abfüllen der Flaschen eine wirklich abwechslungsreiche Tätigkeit. So kommen viele zur Sülfelder Kornbrennerei und bleiben. Sie genießen die intensiven Düfte bei der Produktion im ältesten Brennereigebäude Deutschlands und den Kontakt zu den vielen freundlichen Menschen, die in den Hofladen kommen. Die Gäste wiederum sind glücklich, dass sie bei der gefühlt unbegrenzten Auswahl Orientierung von Profis bekommen, die bei den Brennvorgängen mit dabei waren. Wer nicht nur kaufen, sondern auch lernen und mit allen Sinnen erfahren möchte, ist beim Schaubrennen gut aufgehoben. In der Hofstube erfährt man bei einer zünftigen Brotzeit alles über den Produktionsprozess des Sülfelder Korns, während in den glänzenden Kupferkesseln ein weiteres Destillat Sülfelder Identität entsteht. Dieses ist dann, wie alle anderen auch, eine Edition, also eine limitierte Auflage, da jeder Brennvorgang einen etwas anderen Geschmack hervorbringt. Aufgrund einer besonders schonenden, auf dem Hof entwickelten Brenntechnik entstehen dabei immer besonders ausgeprägte Fruchtaromen. Tradition und Erfahrung zahlen sich hier aus, in der Sülfelder Gutshof-Brennerei.

TIPP

Auch verschiedene hausgemachte Sorten Gin sind hier erhältlich.

● Sülfelder Gutshof-Brennerei, Dorfstraße 27, 38442 Wolfsburg, Tel. (0 53 62) 93 27 90, www.suelfelder.de

● ÖPNV: Bus 180, 203, 223, Haltestelle Sülfeld

Sülfelder
Gutshof | Brennerei
Berry
ChanGin
Gin
43,3% Vol L1651 0,1l
www.suelfelder.de
38442 Wolfsburg
Sülfelder
Gutshof | Brennerei
Waldwurzler
Gin
45% Vol. L1641 0,1l
Sülfelder | 38442 Wolfsburg
www.suelfelder.de

Ready for take-off

71 Amsel Kaffee im Amselweg

Flugzeuge bringen einen nach oben. Kaffee auch. Insofern veränderte sich die Nutzung nur wenig, als nach vielen Jahren der Modellflugverein aus- und die Kaffeerösterei von Gründer Sebastian in den Amselweg 51 einzog. Wie schon früher ist auch heute beim Betreten des kleinen Hangars die Leidenschaft für die handwerkliche Kunst sofort spürbar. Denn Kaffee ist hier viel mehr als ein reiner Wachmacher. Er ist biozertifiziert und handgeröstet – sowie auf Wunsch unverpackt. Seine Leidenschaft für Kaffee entdeckte der gebürtige Wolfsburger Sebastian nach seinem Studium des Lebensmittelmanagements in Bayern als Leiter des Qualitätsmanagements bei einer Kaffeerösterei in der Nähe von Bamberg. Doch schon bald entschloss er sich, in seine Heimatstadt zurückzukommen und mit einem eigenen Unternehmen durchzustarten. Bei der Namenswahl seines Unternehmens bewies er dann direkt den dafür notwendigen Feinsinn. Denn die Rösterei ist nicht nur nach der Adresse benannt, sondern auch nach seiner Tochter Merle – die französische Bezeichnung für die Amsel.

Nicht nur die Lage, sondern auch die Wahl der Immobilie selbst ist ein absoluter Glücksgriff. Denn neben dem Kaffee ist auch das Café eine Einladung zum Träumen und Seele-baumeln-Lassen. Der großzügige Raum der ehemaligen Werkstatt ist gemütlich, aber trotzdem hip und urban. Vermutlich fühlt sich kein Ort in Wolfsburg mehr nach Berlin-Kreuzberg an als dieser. Das liegt sicherlich auch an den vielen veganen Kuchenspezialitäten, die ebenfalls alle in Handarbeit entstehen. Wer lieber draußen entspannt, findet im sympathisch verwilderten Garten ein schattiges Plätzchen und eine freie Hängematte zum Entspannen. Wer voll durchstartet, wird früher oder später auch einmal wieder landen. Beides ist hier wirklich hervorragend möglich. Der Sinn für das, was es braucht, um zufrieden zu sein, macht das Amselcafé zum Wolfsburger Kaffee-Glücksort Nummer eins.

● Amsel Kaffee, Amselweg 51, 38446 Wolfsburg, Tel. (0 53 61) 3 76 90 62
www.amsel-kaffee.de
● ÖPNV: Bus 203, 204, 223, Haltestelle Amselweg

Grenzenlose Freiheit

72

Die ehemalige innerdeutsche Grenze

Frieden und Freiheit sind nicht selbstverständlich. Das gerät jedoch schnell in Vergessenheit. Doch dort, wo sich Niedersachsen und Sachsen-Anhalt die Hände reichen, auf der auf den ersten Blick recht unscheinbaren Brücke über den kleinen Fluss Aller, ist dieses schier unglaubliche Glück jeden Tag greifbar. Einst trennte die ehemalige innerdeutsche Grenze Familie, Freundinnen und Nachbarn. Doch heute ist wieder zusammengewachsen, was zusammengehört. Nicht nur die angrenzenden Ortschaften Oebisfelde und Velpke profitieren davon, sondern auch die ganze Region, ja sogar der ganze Kontinent. Heute sind die Ländereien in und um Wolfsburg nicht mehr am Rand, sondern in der Mitte Europas. Auch die Pflanzen- und Tierwelt freut sich über den Frieden. Das fast 1.400 Kilometer lange Grüne Band entlang der ehemaligen Grenze bietet heute ein Zuhause für viele seltene Arten.

TIPP

Auf der sonnenverwöhnten Terrasse des nahen Burgcafés leckere Eisbecher und Torten genießen.

So ist es nicht verwunderlich, dass die Überquerung der Brücke, egal ob zu Fuß, mit dem Fahrrad oder einem anderen Verkehrsmittel, für ein großes, lang anhaltendes und erstaunlich nachhaltiges Glücksgefühl sorgt. Die Überquerung lohnt sich aber auch noch aus einem weiteren Grund: Mit der Burg Oebisfelde freut sich auf der östlichen Seite des Flusses in Sachsen-Anhalt der zweite Teil dieses Glücksorts auf einen Besuch. Die stolze Festung aus dem 10. Jahrhundert ist eine der ältesten Sumpfburgen Europas. Die Bevölkerung nutzte bei diesen den natürlichen Vorteil von Mooren und Sümpfen zur Verteidigung. Als einer der ältesten Burgtypen überhaupt existierten Sumpfburgen schon seit dem Frühmittelalter. Errichtet wurde das Oebisfelder Exemplar damals auf einer Sandbank zum Schutz des Übergangs über die Aller. Doch das ist inzwischen, zum Glück, nicht mehr notwendig. Heute ist sie ein wunderbarer Aussichtspunkt nach Ost und West. Nach langen Jahren der Trennung ist die Burg eine stolze und unerschütterliche Botschafterin für den Frieden, die Freiheit und die Freundschaft. Hallo Glück, hallo Europa! Was lange währt, wird endlich gut!

- Burg und Heimatmuseum Oebisfelde, Burgstraße 12, 39646 Oebisfelde, Tel. (03 90 02) 4 45 26, www.heimatverein-oebisfelde.de
- ÖPNV: Bus 335, Haltestelle Oebisfelde Lindenstraße; RE 6, RB 35, RB 36, Haltestelle Bahnhof Oebisfelde

Schweiß auf dem Gleis

73

Unterwegs auf dem Braunschweiger Ringgleis

Die Region lebt von und mit dem Auto. In Braunschweig ist man seit einigen Jahren auf dem Ringgleis jedoch auch auf ganz anderen Pfaden unterwegs. Wer die Stadt in mehrfacher Hinsicht aus einer völlig neuen Perspektive erleben möchte, ist auf dem zum Radweg umgebauten ehemaligen Gütergleis einmal rund um die Stadt richtig aufgehoben. Kunst, Kultur, Geschichte, Sport und vieles mehr warten auf dem 22,5 Kilometer langen Rundkurs darauf, entdeckt zu werden. Statt eines Besuchs des schönen Stadtzentrums und des wunderbaren Magniviertels mit seinen Fachwerkhäusern, des Herzog Anton Ulrich-Museums oder des wieder errichteten Schlosses geht es heute durch grüne Wohngebiete, naturnahe Rückzugsräume und vorbei an spannenden Industriedenkmälern.

Am Skatepark, ganz im Westen des Rundkurses, ist immer etwas los. Kinder, Jugendliche und junge Erwachsene probieren sich aus und haben hier ein zweites Zuhause gefunden. Die Graffiti-Wall setzt ein in diesem Fall legales Statement: Urbaner Raum ist vielfältig und für alle da! In diesem Bereich sind die alten Eisenbahnanlagen mit am besten erhalten und erschaffen den besonderen Vibe des Ringgleises. Ein absolutes Muss also, wenn man sich dazu entscheidet, nur einen Teil der Strecke zu erkunden. Ebenfalls in diesem Abschnitt winkt der Kletterturm der nahen Boulderhalle herüber und macht direkt Lust auf einen Kletterausflug. Auch auf dem Bahndamm am Raffteich-Bad wird die ursprüngliche Nutzung der Strecke greifbar, ohne die es das Ringgleis heute gar nicht geben würde. Sogar die Signale wurden stehengelassen und so entsteht ein richtig spannendes Gefühl von Eisenbahn fahren mit dem Fahrrad. Auf dem Nußberg im Prinzenpark lässt sich der Ausflug schließlich wunderbar bei einem leuchtenden Sonnenuntergang mit Blick über die Stadt beschließen. Braunschweig ist immer wieder einen Besuch wert, das Ringgleis ist hierfür der beste Beweis.

TIPP

Radfahren macht hungrig: Das urigste italienische Restaurant in Braunschweig ist Guidos Pizzeria.

● Ringgleis, Westbahnhof 12, 38118 Braunschweig
www.braunschweig.de/ringgleis
● ÖPNV: Bus 423, Haltestelle Westbahnhof

Luftiger Tortengenuss

74

Das Panorama Café in Gifhorn

Den perfekten Aussichtsturm zu finden, ist gar nicht so leicht. Hoch genug muss er sein, um einen weiten Blick zu ermöglichen. Bitte aber auch nicht zu hoch, sonst ist die ins Miniaturformat geschrumpfte Welt unten am Boden nicht mehr erkennbar. So ist es ein echter Glücksfall für Gifhorn, dass der alte Wasserturm genau die richtigen Maße hat, um auf Augenhöhe mit vorbeifliegenden Vögeln zu speisen. Besonders gut geht das hier mit den hausgemachten Torten, die das Aushängeschild des Panorama Cafés sind. Der dazu passende Tee oder Kaffee wird stilvoll aus bunt verzierten Kännchen serviert.

Vor über hundert Jahren schon wurde der Wasserturm errichtet, um eine moderne Wasserversorgung für die Stadt zu ermöglichen. Im Jahr 1973 fiel der Turm dann jedoch in einen langen Dornröschenschlaf, der über ein Vierteljahrhundert dauern sollte. Pünktlich zum Start des neuen Jahrtausends erstrahlte er schließlich in neuem Glanz: Oben in der Krone des Turms eröffnete das Panorama Café.

TIPP

Auch frühstücken kann man im Panorama Café vorzüglich.

Betrieben wird das Café von einem wirklich kreativen Paar. Georg Wentges zog aus Liebe zu seiner Frau Ute extra aus dem kosmopolitischen München ins heimelige Gifhorn, um sie bei der Verwirklichung ihres Traums, der Eröffnung eines Cafés, zu unterstützen. Zusammen haben sie einen liebevoll eingerichteten Ort geschaffen. Oberste Prämisse: „Die Gäste sollen sich wohlfühlen!" Das gelingt auch voll und ganz – immer mittwochs bis sonntags von 09:00 bis 11:30 Uhr und von 14:30 bis 17:30 Uhr. Beim Ausstieg aus dem gläsernen Fahrstuhl fühlt man sich hier oben im Café direkt gut aufgehoben. Man kann sich gar nicht sattsehen an der Umgebung, in der es so viel zu entdecken gibt! Die Altstadt von Gifhorn und dahinter das Schloss sowie das berühmte Mühlenmuseum. In die andere Richtung sind Wolfsburg und Braunschweig zu erahnen. Mit etwas Glück erhebt sich an klaren Tagen sogar der stolze Brocken am Horizont. Was für ein Erlebnis!

- Panorama Café im Gifhorner Wasserturm, Braunschweiger Straße 37 a, 38518 Gifhorn, Tel. (0 53 71) 93 60 33, www.wasserturm-gifhorn.de
- ÖPNV: Bus 100, 101, 111, 170, 180, 190, Haltestelle Gifhorn FMZ famila

Urlaub an der Riviera

75 Der Bernsteinsee in Stüde

Für einen Urlaub am Strand unter Palmen muss man in den Flieger steigen. Richtig? Falsch! Am Bernsteinsee in Stüde ist dies auch direkt vor der eigenen Haustür möglich. Glitzerndes Wasser und tropische Gewächse zaubern unweit von Wolfsburg und Gifhorn ein Paradies in die Wald- und Heidelandschaft. Feinster heller Sand umspielt die Füße und Sonnenstrahlen zaubern ein Lächeln auf das Gesicht. Die herrliche Seeterrasse und der hippe Beach-Club laden zur Entspannung und zu einer wohltuenden Auszeit ein. Tatsächlich könnte man hier gleich eine ganze Woche mit der Familie verbringen, denn auch wer statt Entspannung auf Action steht, findet hier genügend Abwechslung. Wasserski, Adventure Golf, Bogensport, eine Kartbahn, ein Fahrradverleih, ein Fußball-Kunstrasenplatz, Bubble Soccer und ein Reiterhof – die Liste der Attraktivitäten am Bernsteinsee ist lang. Wem das noch nicht reicht, der findet beim benachbarten Wolfsburger Segelflug-Zentrum Stüde-Bernsteinsee weitere Nervenkitzel. Übernachtungen sind im Seehotel und im Feriendorf möglich – schließlich ist Sommer und ein ausgedehnter Urlaub wohlverdient.

Geschaffen wurde dieses nahe Paradies im Jahr 1971, lange bevor statt einer Fernreise wieder der Urlaub in heimischen Gefilden angesagt war. Wie auch der Tankumsee entstand die Bernsteinwelt als Baggersee, weil für den Bau des nahen Elbe-Seitenkanals große Mengen Sand benötigt wurden. Die Gemeinde Stüde plante an dieser Stelle bereits ohnehin eine Bademöglichkeit und so entwickelte sich eine für alle Seiten vorteilhafte Situation. Als beim Ausbaggern dann Bernstein zutage trat, erhielt der See seinen heutigen Namen. Durch den sandigen Untergrund schimmert das Wasser in einem intensiven karibischen Türkis, einem tropischen Paradies ebenbürtig. Spätestens an heißen Sommertagen mit Temperaturen jenseits der 30-Grad-Marke ist es dann auch endgültig eines.

- Bernsteinsee Stüde, Bernsteinallee 5, 38524 Sassenburg, Tel. (0 53 79) 9 81 40 50 www.my-bernsteinsee.com
- ÖPNV: Bus 164, 172, Haltestelle Stüde Bernsteinsee

Jetset für alle

76 Die Aussichtsterrasse am Flughafen

Teilen ist ja immer so eine Sache. Schon jedes Kind weiß das. Umso erstaunlicher ist es, wenn es dann richtig gut klappt. Am Flughafen Braunschweig-Wolfsburg ist das vorbildlich gelungen. Dort holten die beiden Städte auch die Landkreise Gifhorn und Helmstedt mit ins Boot. Oder sollte man besser sagen: ins Flugzeug? Früher wurde der Landeplatz, der auf Braunschweiger Territorium steht, sogar mit unterirdischen Leitungen aus dem Wolfsburger Tanklager Ehmen mit Kerosin versorgt. Ein tolles Gemeinschaftsprojekt. Seit dem 18. Mai 1936 findet am Flughafen Passagierverkehr statt. Damals eröffnete die Deutsche Lufthansa Verbindungen nach Berlin, Hannover und Halle. Heute steuern die Flugzeuge auch Ziele in der großen, weiten Welt an. So gibt es beispielsweise Shuttleverkehre für Geschäftsreisende nach Prag und Barcelona. Charterflüge bringen sonnen- und kulturhungrige Reisende nach Dubai oder Sardinien. Auch viele Privatjets starten und landen hier, neben den kleinen Propellerflugzeugen der Freizeitflieger und Fallschirmspringerinnen, die trotz des Ausbaus des Flughafens noch ein Teil der großen Fliegerfamilie sein dürfen.

TIPP

Selbst abheben: Private Rundflüge lassen sich mit der Mitflugzentrale www.wingly.io organisieren.

Manchmal wird der Flughafen auch zum glitzernden Ort der Stars und Sternchen, wenn die Gegner des Vfl Wolfsburg in der Champions League landen. Die Flugzeugtür öffnet sich, und Cristiano Ronaldo steigt aus. Oder auch die Frauenmannschaft des Vfl Wolfsburg – im Gegensatz zu ihren männlichen Vereinskollegen dann auch gleich mit dem Pokal für die beste Fußballmannschaft Europas. Das bunte Treiben kann man wunderbar auf der von 10 bis 17 Uhr geöffneten Aussichtsterrasse beobachten – oder lecker schlemmend im Ristorante Il Terrazzo. Bei gutem Wetter draußen (der Name ist Programm) oder geschützt vor Wind und Wetter durch die großen Panoramascheiben gemütlich von drinnen. Und während der große Jet und das kleine Propellerflugzeug durchstarten und in den blauen Himmel abheben, ist die große weite Welt in der Luft förmlich greifbar.

- Flughafen Braunschweig-Wolfsburg, Lilienthalplatz 5, 38108 Braunschweig, Tel. (05 31) 35 44 00, www.fhbwe.de
- ÖPNV: Bus 436, Haltestelle Flughafen

AIR NOSTRUM
EC-GZA
V3

Auf dem Gipfel der Kunst

77 In der Porschehütte auf dem Klieversberg

Anfang der 1980er-Jahre ist das Künstlerpaar Dietlinde Zimbelmann-Kerbstadt und Bernhard Zimbelmann zusammen mit drei weiteren Künstlerinnen und Künstlern auf der Suche nach einem neuen Ort zum Leben und Schaffen. Schließlich wird die Gruppe fündig: auf einem bewaldeten Berg, abseits der Stadt und doch mittendrin. Knorrige Eichen mit grünen Kronen und Vogelzwitschern schaffen hier die idealen Voraussetzungen zum kreativen Arbeiten. Angenehm ruhig ist es hier – Muße und Entspannung sind schnell gefunden. Die Rede ist von der Porschehütte auf dem Klieversberg, die, eigens dafür errichtet, schon ab 1938 von Ferdinand Porsche, dem Erfinder des VW Käfers, als Wohn- und Arbeitsort genutzt wurde.

Durch den Bezug der unabhängigen Künstlergruppe konnte das denkmalgeschützte Gebäude vor dem Verfall gerettet werden. Mit über 140 Ausstellungen an Ort und Stelle erlangte das Kollektiv schließlich internationale Bekanntheit. Seit 2006 gibt es zudem eine Kunstschule für Kinder und für Erwachsene. 2012 zog die Einrichtung in einen benachbarten, helleren Neubau. Die individuelle Förderung wird in der kreativen Schule großgeschrieben. Viele ehemalige Schülerinnen und Schüler sind inzwischen selbstständig künstlerisch aktiv und gewinnen Preise für ihre Werke. Auf die Zeit in der Porschehütte angesprochen, zaubert die Nachfrage ein Strahlen auf das Gesicht von Marlies, die inzwischen an der Kunsthochschule Kassel studiert. Auch Dietlinde Zimbelmann-Kerbstadt erinnert sich gerne an die gemeinsamen Tage zurück und erzählt freudig von den Erlebnissen in den Ateliers auf dem Klieversberg.

Im kleinen Onlineshop des Künstlerhauses findet sich neben allerlei lokal entstandenen Zeichnungen, Skulpturen und Gemälden auch ein Wolfsburg-Ausmalbuch. Mit diesem können die eigenen Lieblingsorte in der Stadt individuell zum Leuchten gebracht werden. Wenn das Freude bereitet, ist die Kunstschule im Wald genau der richtige Ort, um weitere, wunderbare Glücksmomente zu erleben.

● Künstlergruppe, Galerie und Kunstschule Porschehütte, Sauerbruchstraße 11, 38440 Wolfsburg, Tel. (0 53 61) 2 32 00, www.kuenstlergruppe-porschehuette.de
● ÖPNV: Bus 213, 222, Haltestelle Klinikum

Original-Fotografien
ab 5,– €

Heimat für alle Sinne

78 Die Manufaktur „Das Brot" in der Autostadt

Was hat die klassische deutsche Küche unserer Großeltern nicht alles erlebt! Zuerst kamen Pizza und Nudeln aus Italien. Später dann, als die Globalisierung richtig Fahrt aufnahm, kochten die Enkelkinder plötzlich auch noch fernöstliche und scharfe Currys. Ein unglaublich reichhaltiges und in der Fülle nie dagewesenes Angebot. Doch bei dieser unübersichtlichen Welt an Möglichkeiten wächst sogar bei den Jüngsten unter uns wieder der Wunsch nach einfacher und ehrlicher Kost – nach einem essbaren Stück Heimat. Die Manufaktur „Das Brot" hat das erkannt und direkt am Wasser eine gläserne Backstube geschaffen. Modern im Design, fast schon amerikanisch, aber traditionell und deutsch beim Backen, ist sie ein Ort, der Generationen verbindet und begeistert. Während man fasziniert das traditionelle Handwerk betrachtet, strömt der angenehme Duft nach frischem Sauerteig durch den Raum. Alle Waren werden ausschließlich von Hand aus regionalen und biologischen Zutaten hergestellt. Dafür gab es bei der Bioland-Brotprüfung insgesamt sieben Mal Gold: für das Krusten-Brot, das Korn-an-Korn-Brot, das Dreikornbrot, das Walnuss-Chia-Brot, das Lichtkornroggen-Brot, das Dinkel-Grünkern-Brot und das Haselnussbrot. Zu empfehlen wäre den Testern ein zweiter Besuch in der Adventszeit, um den hausgemachten Stollen nicht zu verpassen. Denn auch der ist regional und bio – und bestimmt eine goldene Auszeichnung wert.

TIPP

„Die Wolfsburger" sind von Auszubildenden entwickelte Brotkugeln aus Bio-Dinkelteig.

Für den schnellen Genuss steht eine Vielzahl an belegten Stullen bereit. Puristischer Star ist, ganz einfach gehalten, die Stulle nur mit gesalzener Sauerrahmbutter. Lecker! Auf der schönen, mit Weiden gesäumten, sonnigen Südpromenade am Mittellandkanal lässt sich die belegte Stulle dann auch direkt genießen und die verloren gegangene Heimat wiederfinden. Stolze Kähne und schneeweiße ICE-Züge ziehen vorbei. Doch das zeitlose Brot in der Hand erdet. Die Welt bleibt für einen Moment stehen im Hier und Jetzt, auf der Bank vor der Brotmanufaktur.

● Brotmanufaktur „Das Brot", Stadtbrücke, 38440 Wolfsburg, Tel. (08 00) 6 11 6 600
www.autostadt.de/restaurants
● ÖPNV: Diverse Busse, Haltestelle Wolfsburg ZOB

Herzlich
WILLKOMMEN
BAGEL
MIT KÜRBIS & FETA
BAGEL
MIT PASTRAMI
FRUEHSTUECKS-BAGEL 5,90 EUR
BAGEL-SET 7,90 EUR
4 BAGEL & AUFSTRICH
HAUSGEMACHTER
AUFSTRICH IM GLAS 4,90 EUR
2,20 EUR
3,90 EUR
BUTTERBROT 3,20 EUR
MIT SALAMI
BIO-EIER
6 STK 3,75
vom Klostergut
Dibbesdorf
AUS BRAUNSCHWEIG
HAUSGEMACHTER
BUTTERSTOLLEN
500g 11,90€
250g 5,90€
STOLLENKONFEKT
200g 4,90€
frische
BIOMILCH
oder
BUTTERMILCH
oder
SCHOKOMILCH
ROSINENBRÖTCHEN
SALAT
SALAMI
SCHINKEN
KÄSE

Kulinarische Expedition

79 Das Rohayhu Mateeland in Vorsfelde

Im hohen Wolfsburger Norden gibt es einen ganz besonderen Ort: das Rohayhu Mateeland. Ein Bistro, ein Café, die zugehörige Küche und einen kleinen Laden mit südamerikanischen und portugiesischen Lebensmitteln findet man in einem Raum, kaum größer als ein Wohnzimmer. Quirlig geht es zu, wie könnte es so anders sein. Hier spielt das Leben. Das war Chefin Rocio Benitez aus Paraguay bei der Planung ihrer kleinen Welt auch ganz wichtig. Ihr war völlig klar, dass so ein Ort nicht in der weitläufigen Innenstadt, sondern nur in einem traditionellen und kuscheligen Stadtteil wie Vorsfelde funktioniert würde. So zog sie mit ihrem Projekt in eines der historischen Fachwerkhäuser und wurde glücklich.

Unterstützt wird sie von ihrem portugiesischen Mann. So kommt es, dass die superleckeren und frisch gebackenen Pastéis de Nata inzwischen eines der Aushängeschilder des Rohayhu Mateeland sind. Die Fangemeinde wächst jeden Tag. Oft ist das komplette Blech schon ausverkauft, wenn es dampfend und duftend den Ofen verlässt. Spektakulär sind auch die anderen Speisen, die man hier genießen kann. Beispielsweise die portugiesische Chorizo, eine traditionelle Wurst, die auf offener Flamme serviert und von den Gästen in Eigenregie fertiggegrillt wird. In Europa eher unbekannt, in Südamerika aber eine der Hauptspeisen, ist Maniok. Die Wurzelknolle wird hier im Gericht mit dem exotischen Namen „Mandi'o Chyryry“ zusammen mit Käse, Ei, Zwiebel und auf Wunsch mit Speck serviert. Was für ein Geschmackserlebnis! Wohltuend gesättigt und glücklich vor lauter neuen Eindrücken kann man nun das bunte Treiben im Laden genießen. Das Rohayhu Mateeland ist wenige Jahre nach der Eröffnung schon ein echter Treffpunkt für die portugiesische und die südamerikanischen Community in Wolfsburg. Fröhliche Gespräche auf Spanisch und Portugiesisch erfüllen den Raum und sorgen so für ein wunderbares Urlaubsgefühl. Jetzt noch einen traditionellen Matetee genießen und das Erlebnis ist perfekt!

TIPP

Viel Zeit mitbringen, um das Lebensgefühl zu genießen – wer essen möchte, mindestens zwei Stunden!

- Rohayhu Mateeland, Lange Straße 52, 38448 Wolfsburg, Tel. (01 76) 84 82 00 18
www.rohayhu-mateeland.metro.bar
- ÖPNV: Bus 160, 201, 221, 223, Haltestelle Obere Tor

¡Viva México!

80

Das Restaurant Zinnyas in Weyhausen

Wolfsburg und Mexiko, das passt einfach zusammen. Schon seit 1967 baut Volkswagen Autos in Puebla und so wurden auch die Bande zwischen den beiden Partnerstädten im Laufe der Jahrzehnte immer enger. Heute profitiert Wolfsburg sehr davon. Das beste Beispiel ist das Restaurant Zinnyas in Weyhausen, geführt von einer mexikanisch-deutschen Familie. Nach vielfältigen Erfahrungen in der Gastronomie erfüllte sie sich mit der Bistro-Boutique einen Traum. Der Name ist dabei eine wunderbare Vereinigung dieser beiden Welten – die mexikanische Blumenart der Zinnia ist nach dem deutschen Arzt und Botaniker Johann Gottfried Zinn benannt.

Dass man an einem wunderbaren Glücksort ist, wird direkt beim Betreten des stilvollen und gemütlichen Restaurants spürbar. Chefin Reyna Zindler begrüßt die Gäste mit einem strahlenden Lächeln und auch ihrem gesamten und überraschend jungen Team ist die Freude an der Tätigkeit anzumerken. Bunt verzierte Kacheln schmücken die Bar und schaffen zusammen mit den traditionellen Hüten an der Wand eine heimelige Aura. Und dann erst das Essen! Unglaublich lecker, frisch und authentisch. Das findet auch Daniela, gebürtige Wolfsburgerin und Tochter einer Mexikanerin und eines Deutschen, die sich in Puebla kennengelernt haben. Sie hat nach ihrem Abitur im Zinnyas gearbeitet und schwärmt ebenfalls vom Essen. Ein Renner sind Tacos, Tortillas aus Weizen- oder Maismehl, die mit verschiedenen Zutaten und einer Salsa-Sauce gefüllt werden. Bei den Tacos mag Daniela besonders gerne die Sorten Pastor und Humareda. Empfehlen kann sie außerdem „definitiv die sauleckeren" Quesadillas. Das sind mit Käse gefüllte Tortilla-Fladen. Wer es etwas schärfer mag, ist mit den Enchiladas gut beraten. Das sind ebenfalls Tortillas, die aber in einer Sauce überbacken werden. Zum Nachtisch gibt es dann entweder Churros oder die traditionelle Puddingcreme Cremita, die laut Daniela wie in Mexiko schmeckt. Jetzt noch ein Cerveza und der kulinarische Kurzurlaub ist perfekt!

TIPP

Das Zinnyas ist Dienstag bis Samstag von 17 bis 22 Uhr geöffnet.

● Zinnyas – Mexikanische Bistro-Boutique, Vor dem Dorfe 13, 38554 Weyhausen, Tel. (0 53 62) 7 28 68 03, www.zinnyas.de

● ÖPNV: Bus 170, Haltestelle Weyhausen Schule